Enno Frandsen

Das ist mein Leben

So schreiben Sie Ihre eigene
Biographie
und Familiengeschichte

J. Latka Verlag

ISBN 3-925068-17-1

Inhaltsverzeichnis

5

»Diese Großeltern . . . Sie bedeuten Herkunft und Abstammung, soweit man diese mit eigenem Blick zurückverfolgen kann, und sie schlagen die lebendige Brücke zum vorigen Jahrhundert . . . Es erregt eine Art von Schwindelgefühl, sich diese Rückläufigkeit vorzustellen und dann das Weiterschnellen des Zeitbandes bis auf den heutigen Tag: wir haben noch Menschen gekannt, die beim Tode des alten Goethe schon Kinder waren – die geboren wurden, als Napoleon starb –, und sie erscheinen mir nicht ferner, höchstens etwas weniger fremd als die Mond- und Marsbesucher künftiger Jahre.«

Carl Zuckmayer
Als wär's ein Stück von mir

Unser Familienbild

Ein persönliches Vorwort

Über unserem sogenannten »Löwenschrank«, einem fein gearbeiteten Biedermeierschrank mit zwei langgestreckten löwenartigen Figuren, hängt eine alte Fotografie aus der Familie meiner Mutter.

Man sieht im Zentrum ein kleines, etwa zehnjähriges Mädchen. Es trägt »Affenschaukeln«, ein weißes festliches Kleid, und es blickt spitzbübisch in die Kamera. Die Füße, die in Stiefelchen stecken, sind übereinander gekreuzt. Links und rechts von dem Mädchen sitzen zwei sehr alte Frauen, in strenge, dunkle Kleider gehüllt. Zwei stehende ältere Frauen links, eine lächelnde ältere Frau rechts. Auch sie steht. Die drei Frauen um 40 hinter dem Kind tragen sommerlich helle Kleider wie das kleine Mädchen. Ein kleiner, schon älterer Mann mit Klemmer und stark zurückgewichenem Haaransatz, einem dichten Schnurrbart und festlichem dunklen Anzug rahmt das Bild links. Von rechts schaut ein junger, großgewachsener Offizier in die Kameralinse. Seine Gesichtszüge wirken fest, er lächelt verbindlich. Vor ihm die nach dem Kind jüngste Person auf dem Bild: Eine etwa 20jährige Frau mit freundlichen Gesichtszügen.

Das Bild zeigt bürgerliche Lebensverhältnisse, Mobiliar und Kleidung lassen auf einen gehobenen Lebensstil schließen, üppige Pflanzen in großen Töpfen bilden den Hintergrund des Fotos.

Dieses Bild unserer Familie, das 1918 aufgenommen wurde, betrachte ich immer wieder. Neben den Einzelheiten in den Zügen der Personen macht mich ein Umstand immer am meisten betroffen:

Nur das kleine Mädchen lebt noch.

Es ist meine gerade 80 Jahre alt gewordene Mutter. Das

Familienfoto wurde aufgenommen, als ihre Großmutter selbst 80 Jahre alt wurde. Es entstand während der Familienfeier. Doch was weiß ich von den Schicksalen der Menschen auf der Fotografie, meiner Familie, meiner Vorfahren?

Als Sohn kenne ich die Lebensgeschichte meiner Mutter, doch was ist mit ihren fünf Enkeln? Wird es ihnen gehen wie mir mit den eigenen Großmüttern? Einiges, aber lange nicht alles ist bekannt, anderes unwiederbringlich dahin, weil es niemals aufgeschrieben wurde.

Was werden schließlich die Urenkel noch von ihnen wissen? Beide Großmütter erlebtenzwei Weltkriege, den Ruin ihres Vaterlandes, den endgültigen Verlust ihrer Heimat die eine, die Trümmer der bürgerlichen Existenz die andere, den kargen Neubeginn unter den mißtrauischen Augen der Einheimischen in der neuen norddeutschen Heimat beide.

Zeitzeugen waren sie, mit Erinnerungen an die Lebensformen der Jahrhundertwende teils großgeworden, teils diese aktiv überwindend, mit politischen Perspektiven, deren Dimensionen der Enkel als Erwachsener heute gerne kennen würde.

Wie unvollständig aber ist das Leben ohne das Wissen um seine eigene Herkunft, Geschichte und Prägung! Tod und Vergänglichkeit sind die eine Seite, die Lebensleistung der Menschen die andere, die bedeutungsvollere. Neben der Trauer darüber, daß vieles, ohne Spuren zu hinterlassen, verschwand, steht das Vergnügen an dem Bekannten, dem Schatz der Erinnerungen, den jede Familie bewahrt. Sollte er es nicht wert sein, gehoben zu werden?

Dieses Buch will Mut für diese Schatzsuche machen, Hilfe sein, die eigenen Lebenserinnerungen zu schreiben. Denn schreibend taucht man zurück in eine vergessen geglaubte Zeit, vergangene Lebensphasen werden erneut durchlebt und Erkenntnisse weitergereicht . . .

Für die Nachkommen bedeuten die Lebenserinnerungen der älteren Generation eine wertvolle Bereicherung. Und sie selbst vergewissert sich beim Schreiben, bestimmt ihren Standort, zieht wohl auch Bilanz. Und außerdem ist der Vorgang des Schreibens, des Aufzeichnens seiner Erinnerungen, auch eine Entdeckungsreise besonderer Art, ein Weg zum Ich.

Enno Frandsen

Wie man anfängt . . .

Es ist eine schöne Tätigkeit, sich mit der eigenen Vergangenheit zu beschäftigen, den eigenen Lebensweg zu rekonstruieren, von seinen Erfahrungen zu berichten und von Erlebnissen besonderer Art zu erzählen. Viele erzählenswerte Geschichten werden aber nur mündlich überliefert. Wieviele Ereignisse und Geschehnisse gehen so im Laufe der Generationen verloren! Dabei wüßte wohl jeder Mensch gerne mehr über seine »Ahnen« und würde sich über solche Aufzeichnungen der Lebensgeschichte freuen.

An dieser Stelle finden Sie nun zunächst einige technische Hilfen für die Niederschrift Ihrer Erinnerungen. Wenn Sie Ihren Plan in die Tat umsetzen wollen, sollten Sie mit einigen Vorbereitungen beginnen.

Schon beim ersten Durchblättern dieses Buches werden Ihnen zahlreiche Erinnerungen kommen. Daher ist es sinnvoll, bald eine Kladde oder ein dickeres Heft und ein Ihnen sympathisches Schreibgerät zu beschaffen, um zunächst fragmentarisch die eine oder andere Notiz zu Ihrem Lebensweg aufzuschreiben. Dabei können Sie sich schon an den Kapiteln dieses Buches orientieren, um die jeweiligen Erinnerungen zuzuordnen.

Zu den Vorbereitungen zählt weiter die Sichtung Ihrer eigenen »Materialien«. Haben Sie in manchen Lebensphasen ein Tagebuch geführt, wird Ihnen dieses eine nützliche Hilfe sein. Andererseits dürfen Sie sich auch nicht gehemmt fühlen, wenn Sie kein Tagebuch geführt haben.

Eine weitere wesentliche Hilfe können Briefe sein. Da es meist eher unwahrscheinlich ist, daß man die selbstgeschriebenen Briefe wieder erhält, können die Briefe von Verwandten, Freunden und Bekannten wertvolle Anregungen für manche Lebensphasen sein, um aus ihnen manches Stück des Lebensweges rekonstruieren zu können.

Auch den »amtlichen« Teil des eigenen Lebens, die in den Jahrzehnten des Lebens übereigneten Dokumente, sollten Sie sichten und für die Niederschrift bereit halten. Das sind natürlich die Schulzeugnisse, Urkunden über Abschlüsse, Arbeitsverträge etc. Haben Sie noch Dokumente über die persönliche Lebensführung – z. B. Mietverträge, Dokumente bezüglich eines Hauskaufs u. a. –, sollten Sie auch diese zusammentragen.

Bevor Sie nun mit Ihren schriftlichen Aufzeichnungen beginnen, noch ein praktischer Tip: Nehmen Sie sich nicht zuviel auf einmal vor! Am besten ist es, wenn Sie sich ein konkretes »Schreibziel« in Form einer bestimmten Zahl von Seiten – oder auch die Beantwortung einer oder mehrerer Fragen aus diesem Buch – setzen. Haben Sie dieses Ziel jeweils erreicht, können Sie ein »Erfolgserlebnis« buchen und Frustrationen vermeiden.

Nun noch einige methodische Hinweise, die den Beginn der Arbeit erleichtern:

Die einfachste Methode: Sie orientieren sich an den Kapiteln dieses Buches und den anhängenden Fragen. Für jede Frage beginnen Sie eine neue Seite, die Sie als erstes oben numerieren. Dieses ist wichtig, damit Sie eine genaue Orientierung haben. Als Schreibpapier empfehlen sich lose Blätter, die entweder liniert sind oder denen Sie wie beim Schreiben eines Briefs eine Zeilenschablone unterlegen. Die losen Blätter, die man auch seitlich lochen können sollte (also ein linker Rand), haben gegenüber Heften und Kladden den Vorteil, daß sie – falls einem Texte nicht gefallen – leicht ausgetauscht werden können.

Zum Schreiben sollten Sie ein Gerät nehmen, das Ihnen »sympathisch« ist und mit dem Sie gut schreiben können. Kugelschreiber sind weniger zu empfehlen, da einmal Kugelschreiber verwischen können, sie andererseits bei einer längeren Handschrift wenig Vergnügen machen. Bleistifte unterschiedlicher Härtegrade können den Nachteil haben, daß ihre Schrift sich schlecht vom Papier abhebt, bei manchen Lampenstellungen»blendet« – und daß schließlich die leichte Handhabbarkeit zu einer weniger gut lesbaren Schrift führt. Filz- oder Faserstifte sind leichtgängig, aber schnell verbraucht und teuer.

Anzuraten ist also ein guter Füller, ein Fläschchen Tinte oder – je nach Füller – Patronen, die man leicht wechseln kann. Die Schrift einer Füllerfeder ist immer noch die klarste und haltbarste, die Farbe der Tinte kann variiert werden, man ist frei in seiner individuellen Entscheidung. Auch kann man sich durch den Kauf eines neuen schönen Füllers selbst ein motivierendes Vergnügen machen!

Eine weitere Methode wäre, die Lebensgeschichte in die Schreibmaschine zu tippen. Dabei sollten Sie genau so vorgehen wie bei der handschriftlichen Niederlegung Ihrer Erinnerungen. Also nicht die Seitenzählung vergessen; der Rand ergibt sich durch die maschinelle Einstellung von selbst.

Neben dieser Möglichkeit ist auch auf die Verwendung eines Personal-Computers oder einer Speicherschreibmaschine zu verweisen. Die besondere Neuerung liegt vor allem darin, daß beim Personalcomputer das gesamte Seitenbild auf dem Bildschirm sichtbar ist und daß vor allem optimal korrigiert werden kann. Des weiteren kann man verschiedene Zeichensätze verwenden und auf diese Weise manches, was einem lieb ist, optisch leicht herausheben. Schreibmaschine und Personal-Computer, verbunden mit einem Drucker, machen die Aufzeichnungen natürlich wunderbar lesbar für die Nachkommen, denen man seine Lebensgeschichte hinterlassen will.

Die technischen Möglichkeiten sind heute sehr vielfältig.

Wenn Sie keine »Berührungsprobleme« haben, können Sie die modernsten Techniken nutzen. Das heißt in diesem Fall: Selbst eine Aufzeichnung von gesprochenen oder sogar mit der Videokamera aufgezeichneten Lebenserinnerungen ist besser, als die Aufzeichnungen überhaupt zu unterlassen. Wie gesagt: Das Medium ist an sich gleichgültig.

Sie können natürlich auch einen »Interviewer« beauftragen, sich an der Fragenfolge dieses Buches orientieren und dann die gesprochenen Antworten auf einem Cassettenrecorder aufzeichnen. Dieses kann man aber auch ohne eine weitere Person selbst machen. Zusatzfragen eines »Interviewers« lösen allerdings eventuell zusätzliche Erinnerungsimpulse aus.

Außerdem hat die Ton-Aufnahme den Vorteil, daß die Lebensgeschichte neben allen den Erzählungen, Details und Einzelzügen, aus denen das Erinnerungsmosaik zusammengesetzt ist, auch das besondere Timbre und den Ausdruck der Stimme konserviert.

Die Bedeutung dieses Satzes kann an einem Beispiel verdeutlicht werden: Während der Entstehung dieses Buches verstarb eine ältere Dame, die eine Freundin näherer Verwandter war. Da sie wie ein Teil der Verwandten des Verfassers aus Ostpreußen stammte und das Land 1945 verlassen mußte, konnte sie nicht nur unendlich lang von dieser Region Europas berichten. Viele dieser Erzählungen sind dem Verfasser im Gedächtnis geblieben. Aber unwiederbringlich verloren ist der ostpreußische Tonfall, die dialektale Färbung der Wörter, der nur noch bei wenigen Gelegenheiten zu hörende Klang dieser besonderen Mundart. Allmählich stirbt diese Generation aus und mit ihr die Sprache.

Die gesprochenen Aufzeichnungen sind also sehr nützlich. Es ist heute sogar eine übliche Methode geworden, aus Tonband-Aufzeichnungen Bücher herzustellen. Das Erinnerungsbuch Anna Wimschneiders, der bayerischen Bäuerin, mit dem Titel »Herbstmilch« ist so entstanden.

Man kann also zunächst seine Lebensgeschichte nach dem im Buch vorgegebenen Abfolgemuster auf Tonband sprechen, um sie dann in schriftliche Form umzusetzen. Zu dem technischen Aufnahmevorgang braucht man keine Hilfe. In vielen Cassetten-Recordern ist sogar ein leistungsfähiges Mikrophon eingebaut.

Wichtig ist hier aber ein organisatorischer Tip: Gehen Sie penibel mit den Aufzeichnungen um, beschriften Sie die Cassetten sorgfältig, versehen Sie sie möglichst mit den Zahlen des Zählwerks, um bei einem späteren Abhören nicht stundenlang suchen zu müssen. Hierdurch kann sehr viel Zeit gespart werden.

Über allen diesen eher »technischen« Tips für den Aufbau des Manuskripts wollen wir aber nicht den besonderen Gegenstand des Buches aus den Augen verlieren: Ihr eigenes Leben soll von Ihnen erzählt werden. Um dabei helfen zu können, war es nötig, in diesem Buch Lebensphasen zu »standardisieren«. So ist es denkbar, daß besonders im Erwachsenenalter manches Kapitel Ihre eigene Lebensgeschichte so gar nicht betrifft. Doch wirkt auch hier die besondere Methode des Buches: möglichst viele Erinnerungsanlässe auf die unterschiedlichste Weise zu präsentieren. Nutzen Sie die Fragenkataloge umgekehrt als Vergewisserung für sich selbst – »So war es nun doch gerade nicht, sondern ...« –, und beherzigen Sie für den individuellen Aufbau folgende Grundfragen:

☐ Welche besonderen Ereignisse haben mein Leben als Erwachsener besonders beeinflußt?
☐ Welche besonderen Entscheidungsphasen hat es gegeben, die mein Leben in eine neue Richtung gebracht haben?

☐ Welche »äußere Einteilung« könnte ich daher meinem Leben geben?

Auf diese Weise gliedern Sie Ihr Konzept ganz persönlich.

Bevor Sie das Manuskript beginnen, sollten Sie eine Zeittafel mit Ihren persönlichen Daten anlegen, die Sie beim Schreiben stets zur Hand haben.

Das Schreiben selbst ist eine lustvolle Selbstbegegnung. Je mehr Sie niederlegen, wiederlesen und sprachlich verändern, um so mehr wird Ihnen einfallen, da das Langzeitgedächtnis auf diese Weise stark aktiviert wird. Auf keinen Fall aber sollte das Schreiben ein »Pensum« sein, eine lästige Pflicht, sondern es soll vor allem Ihnen selbst sehr viel Freude machen – nicht zuletzt dadurch, daß Sie Ihre Vergangenheit noch einmal »erleben« und sie Ihren Angehörigen und Nachkommen in bündiger Weise präsentieren.

Manche sogar lassen ihre Erinnerungen nicht als Sammlung von Blättern zurück, sondern scheuen nicht die Kosten, um sie sogar binden zu lassen. Auf diese Weise macht man aus seiner Lebensgeschichte sogar e i n   r i c h t i g e s   B u c h !

Praktische Hinweise

Diese Hinweise sollen Ihnen helfen, die in den nachfolgenden Kapiteln angebotenen Informationen und Hinweise optimal als Schreibanregungen für Ihre eigenen Lebenserinnerungen zu nutzen – und dabei möglichst wenig zu vergessen. Es gibt viele verschiedene Methoden, wie Sie Ihre eigene Autobiographie aufbauen können. Das ist teils eine Frage des geplanten Umfangs, teils eine Frage der Ihnen zugänglichen Erinnerungen. Es hängt aber auch davon ab, wieviel und was Sie überhaupt mitteilen wollen. Denn: Sie sind ja völlig frei, nur das zu berichten, was sie persönlich für erwähnenswert halten.

Auch Stilfragen können Ihre gewählte Form beeinflussen. So viele Menschen – so unterschiedliche Autobiographien! Fassen Sie den Mut, Ihre Lebensgeschichte so aufzuschreiben, wie Sie es möchten und können. Nehmen Sie die vielen Beispiele aus der »großen« Literatur nur als Anregung – und nicht als Verpflichtung. Ihre späteren Leser sind mit Sicherheit mehr an dem Inhalt als an der Form interessiert.

Dieses Buch möchte Ihnen nichts vorschreiben, sondern Ihnen hauptsächlich Anregungen geben. Daher der besondere Aufbau der verschiedenen Kapitel:

☐ Die Kapitelüberschriften und ihre Untertitel informieren über einzelne Punkte der jeweiligen Lebensabschnitte, die auch für Ihre Lebensgeschichte von Bedeutung sein können.

☐ Im »Motto« darunter finden sie eine besonders gut zur Absicht und zum Inhalt des Kapitels passende Stelle aus einer berühmten Autobiographie.

☐ Der anschließende darstellende Text möchte Ihre Erinnerung anregen und Hinweise geben.

☐ Die Fragen am Ende eines jeden Kapitels sollen noch einmal sicherstellen, daß Sie aus dem jeweiligen Lebensabschnitt nichts vergessen. Sie können diese Fragen einfach zur Kenntnis nehmen, aber auch einzeln »abhaken«. Dafür sind die Kästchen vorgesehen.

Entscheiden Sie also jeweils selbst, ob Sie nur die Überschriften und die Fragen am Ende des Kapitels als Anregung nutzen wollen – oder den gesamten Text. Sie können die Fragen am Ende jedes Kapitels auch ganz zum Schluß als »Kontrolle« verwenden, ob Sie in Ihrem Text nichts von Bedeutung vergessen haben.

Das Kapitel »Was ist eine Autobiographie?« ist für alle diejenigen gedacht, die sich zunächst gründlicher über ihr Vorhaben und die »Textsorte« Autobiographie orientieren wollen. Die Geschichte der »Selbstbiographie« wird darin ebenso dargestellt wie die verschiedenen Formen, in denen Lebenserinnerungen sich bisher präsentiert haben. In den Literaturhinweisen finden Sie bibliographische Angaben zu den benutzen Autobiographien und der Fachliteratur.

17

Die früheste Erinnerung

Einleitung mit frühester Erinnerung – Äußere
Daten als Anfang – Besser persönlich beginnen –
Der Verfasser selbst – Wege der Erinnerung – Klaus
Mann – Keine Vollständigkeit anstreben – Wert
autobiographischer Aufzeichnungen

*Wann immer sich die früheste Kindheit meinem
Gedächtnis anbot, tauchte eine Schneelandschaft
auf – Schnee auf den Straßen und den Pfaden, auf
den Fenstersimsen und den Dächern der Häuser, in
den Gärten dahinter und auf den Feldern . . . Ich
dachte, ich würde zuallererst vom Schnee sprechen, davon, was er mir, seit ich denken kann, bedeutet hat. Doch nun drängt sich mir – wie aus den
Falten eines verstaubten, schweren Stoffes – aus
dem Unvermuteten ein Bild auf, in dem kein
Schnee zu sehen ist. Es ist der späte Frühling, überall der Duft des Flieders und die Lockung seiner
zwei Farben; er blüht diesseits und jenseits des
Zaunes, der uns vom Garten des polnischen Nach-
barn trennt . . .«*

Manès Sperber
Die Wasserträger Gottes

Mit diesem ältesten Bild aus der Fülle seiner Erinnerungen
leitet Manès Sperber seine Autobiographie ein. Beginnt
man seine eigene Autobiographie, kann man selbstverständlich zunächst alle äußeren Umstände darstellen. Viele
Autobiographien fangen wie diese an:»In der alten Oder-
stadt Stettin, am 19. Juli 1859 mittags um 12 Uhr, an einem

18

Sonntage, soll ich das Licht der Welt unter mächtigem und nachhaltigem Sträuben gegen meine Existenz erblickt haben.« Natürlich kann man mit der Geburtsstadt, dem Geburtsdatum, der Tageszeit und dem Wochentag beginnen. Dann können die Namen Ihrer Eltern, der Geschwister, weiterer Verwandter genannt werden.

Carl Ludwig Schleich, der Verfasser der eben zitierten Sätze, berichtet danach von den weiteren Umständen seiner Geburt. Es ist klar, daß man ihm davon erzählt haben muß. Sein »Zeuge« war seine Mutter. So geht es natürlich auch. Doch will man die Lebensgeschichte persönlich einleiten, ist es möglich und sogar vorteilhaft, mit der eigenen frühesten Erinnerung zu beginnen.

Hier seien meine frühesten Erinnerungen eingeflochten: Als sehr kleiner Junge stehe ich in meinem Gitterbett aufrecht und recke meine Arme durch die Stäbe. Etwas Grünes lockt meine Neugier. Niemand achtet auf mich, vielleicht ist auch niemand im Zimmer. Ich angele das Grüne, stecke es in den Mund, beiße kräftig hinein, so stark ich das mit meinen zweieinhalb Jahren kann. Der Geschmack ist unvergeßlich: schließlich war es grüne Kernseife. Was weiter war, ist mir nicht mehr bekannt. Wahrscheinlich habe ich wohl sehr geschrieen ...

Mit der »frühesten Erinnerung« beginnt die Autobiographie nicht wie ein Fragebogen oder eine nüchterne Aufzählung. Man übt sich ein in die besondere Technik der Erinnerung und gewinnt sofort einen Zugang zu dem ganz persönlichen Leben.

Versuchen Sie also sich zu erinnern: an Farben, an Gerüche, an einen besonderen Geschmack, an andere Sinneseindrücke. Haben Sie nun einen Zugang zu diesen frühesten Erinnerungen gefunden, sollten Sie ohne jede Rücksicht auf Stil, Wortwahl, selbst auf orthographische Regeln dieses Stück des frühesten Lebens *sofort* aufschreiben.

Dieses mag so lang oder so kurz werden, wie man will. Die zukünftigen »Leser« – dies ist das Faszinierende an diesem Anfang – haben Sie so wohl noch nie wahrgenommen! Dabei sind diese Erinnerungen an das kleine Kind ungeheuer wichtig. Mit ihnen fängt das bewußte Leben an, selbst wenn dann noch viele »dunkle Flecken« als Erinnerungslükken auftauchen werden.

Der Sohn von Thomas Mann, Klaus Mann, hat in seiner Autobiographie »Kind dieser Zeit« diese frühesten Erlebnisse so geschildert: »Und doch, sind da nicht Ahnungen?« schreibt er nach einigen Absätzen über die Schwierigkeiten, den Beginn zu finden. »Gibt es da nicht etwas, was wie eine allererste, sehr entfernte und wunderbare *Erinnerung* ist? Der Geruch von Gummi – ganz deutlich kommt mir jetzt vor, aber vielleicht täusche ich mich –: ein Kinderwagen; die Allee an der Isar (Widenmayerstraße) –: wie halte ich das? Es ist dunkel und leicht, dabei von einer unzerstörbaren Zähigkeit der Substanz. Wie halte ich das? Das Eisengitter eines Balkons . . .«

Trotz aller Mühen, möglichst viel von dieser frühkindlichen Welt in sich aufzuspüren: Es muß ja nicht unbedingt sein, daß eine vollständige Erinnerungswelt aufgebaut wird. Das familiäre Lesepublikum ist auch nicht primär am literarischen Wert des Werkes interessiert. Die Leser wollen die Lebenszeugnisse kennenlernen, sie wollen über den Verfasser, die Verfasserin als Mensch in einer besonderen Lebensphase Bescheid wissen.

Leser werden die nachfolgenden Generationen sein. Um Mut für das Unternehmen zu machen, seien hier Antworten von Sechzehnjährigen genannt, die ich befragte, ob sie an einer solchen persönlichen Lebensgeschichte Interesse finden könnten.

Die sechzehnjährige Andrea meint: »Von meinen Großeltern habe ich nur meinen Großvater gekannt. Er ist aber schon gestorben, als ich etwa zehn Jahre alt war. Zwar hatte ich immer sehr viel Respekt vor ihm, weil er oft so brummig war. Aber jetzt tut es mir sehr leid, daß ich ihn nicht mehr nach seinen Erinnerungen fragen kann. Hätte er Aufzeichnungen gemacht, würde ich sie sehr gerne lesen. Ich weiß eben viel zu wenig von seinen Lebensumständen.«

Ein Junge namens Thorsten äußerte sich so:»Es ist schon komisch, daß man zwar seine Großeltern ›kennt‹, aber über ihre Denkweisen und Lebensumstände kaum etwas erfahren kann.«

Diese Ansichten sind nicht vereinzelt geäußert worden. Das Interesse an autobiographischen Aufzeichnungen war immer groß, wächst in der letzten Zeit aber sehr stark. Auch in der historischen Wissenschaft mehren sich die Publikationen, in denen die »Alltagsgeschichte« untersucht wird.

Nun sind wir von der Darstellung der frühesten Erinnerung weit abgeschweift. Bevor wir zu den ersten »Fragen« übergehen, sei darauf hingewiesen, daß es vor allem um die ganz »persönliche Note« geht, mit der Sie Ihre Lebensaufzeichnungen in diesem Sinne beginnen können. Der liebliche oder stechende Geruch, der unvergeßliche Geschmack, die unverwechselbare Farbe oder ein anderer Sinneseindruck: Beschwören Sie auf diese Weise schreibend Ihren Start ins bewußte Leben!

Fragen

☐ In welches Lebensjahr fällt Ihre früheste Erinnerung?
☐ Mit welchem Sinneseindruck war diese Erinnerung für Sie verbunden?
☐ Verbinden Sie damit angenehme oder unangenehme Eindrücke?

- [ ] Wurde von diesem Ereignis in Ihrer Familie oft gesprochen?
- [ ] Haben Sie daher den Eindruck nachträglicher Korrektur des Geschehens?
- [ ] Steht das Ereignis mit einer Jahreszeit in einer Verbindung?
- [ ] Hatte es nachhaltige Folgen?
- [ ] Haben Sie die Stätte dieser frühesten Erinnerung später noch einmal besehen oder »besichtigen« können?
- [ ] Empfinden Sie das Geschehen als etwas für Sie Zukunftsweisendes?

Herkunft

Detailgetreue Herkunftsschilderung – Landschaft –
Stadt – Dorf – Keine heimatgeschichtliche
Forschung – Persönlichen Ton erhalten – Vorteile
für Leser – Beispiel Josef Kardinal Höffner –
Familiengeschichtliche Aufzeichnungen – Fragen

»Die niederländische Familie Coudenhove und das
griechische Geschlecht der Kalergis verbanden sich
um die Mitte des neunzehnten Jahrhunderts in Pa-
ris durch die Heirat meiner Großeltern. Die Cou-
denhoves, von nordbrabantischem Uradel, kämpf-
ten im niederländischen Freiheitskrieg auf seiten
der Habsburger... Die Kalergis sind Nachkom-
men der byzantinischen Kaiserdynastie Phokas«
Richard Coudenhove-Kalergi
Eine Idee erobert Europa,
Meine Lebenserinnerungen

Nun beginnen wir mit der eigentlichen Autobiographie. Bevor sie von sich selbst und dem eigentlichen Anfang ihres
Erdendaseins und seinen Voraussetzungen berichten, legen
die Verfasser vieler Selbstzeugnisse großen Wert auf eine
detailgetreue Schilderung ihrer Herkunft. Sie erzählen um-
fangreich von den Eltern, den Großeltern, weiteren Vorfahren und manchmal sogar sehr ausführlich von der Familiengeschichte. Wesentlich ist mitunter die Landschaft, der die
Verfasser entstammen. Auch die Heimatstadt oder das Hei-
matdorf gehören dazu.

Regel hierfür ist aber, daß man nun nicht unbedingt heimatgeschichtliche Forschungen betreiben, sondern nur

selbst Erlebtes mit in die Aufzeichnungen aufnehmen sollte. Auf jeden Fall aber sollte der ganz persönliche Ton erhalten bleiben.

In die Familiengeschichte zurückzublicken hat, für die »Leser« sehr viele Vorteile. Die Berichte über die Großeltern sind für die Enkel bereits Erzählungen von ihren Ur-Ur-Großeltern!

In manchen Autobiographien kann der Verfasser seine Ahnen weit in die Vergangenheit zurückverfolgen. Der 1987 verstorbene Kölner Erzbischof Josef Kardinal Höffner blickt in einer autobiographischen Skizze sogar auf eine direkte Ahnenreihe bis zum Jahr 1500 zurück. Rekonstruieren konnte er sie aufgrund der Taufbücher in seinem Heimatort und in dem Ort, wo die noch älteren Vorfahren herstammten.

Sollte der Leser also familiengeschichtliche Aufzeichnungen besitzen oder davon Kenntnisse haben, gehören diese unbedingt in die Autobiographie.

Fragen

- ☐ Aus welcher Landschaft, welcher Stadt, welchem Dorf stammt Ihre Familie?
- ☐ Wie heißen Ihre Großeltern
  a) väterlicherseits?
  b) mütterlicherseits?
- ☐ Welche Berufe hatten die Großväter?
- ☐ Welche besonderen Lebensgeschichten hatten Ihre Großeltern?
- ☐ Gab es in Ihrer Familiengeschichte ganz herausragende Umstände, die auch für spätere Generationen Folgen hatten?

- [ ] Welche früheren Vorfahren können Sie noch in diesen Bericht über Ihre Herkunft aufnehmen?
- [ ] Gab es in Ihrer Familie besondere Traditionen?
- [ ] War die Herkunft eher ländlich oder städtisch?
- [ ] Haben besondere Berufe eine Rolle gespielt?
- [ ] Gibt es in Ihrer Familie besondere Erbstücke, an denen die Familie besonders hängt?
- [ ] Spielen bestimmte Häuser eine herausragende Rolle für Ihre Familiengeschichte?
- [ ] Gibt es beschreibenswerte Familienbilder oder Briefwechsel von Vorfahren
- [ ] Ist man in Ihrer Familie auf etwas ganz besonders stolz?

Der Vater

Bedeutung Jakob Grimm – Der Vater – Viele
Erinnerungen an Eltern – Der Vater Theodor
Fontanes – Systematische Zusammenfassung –
Fragen

»Ich bin der zweite Sohn meiner Eltern und zu Hanau 4. Jan. 1785 geboren. Mein Vater wurde, als ich ohngefähr sechs Jahre alt war, zum Amtmann nach Steinau an der Straße, seinem Geburtsort, ernannt, und in dieser wiesenreichen, mit schönen Bergen umkränzten Gegend stehen die lebhaftesten Erinnerungen meiner Kindheit.«

Jakob Grimm,
Selbstbiographie

Ein klassischer Anfang einer Autobiographie, die man im 19. Jahrhundert noch »Selbstbiographie« nannte! Jakob Grimm, zumeist als der liebevolle Sammler der »Kinder- und Hausmärchen« bekannt (zusammen mit seinem Bruder Wilhelm), darüber hinaus einer der ganz Großen in der Wissenschaft – Begründer der Germanistik, Initiator und Bearbeiter eines Teils des umfangreichsten Wörterbuch der deutschen Sprache –, dieser Jakob Grimm berichtet in liebevoller Erinnerung von seiner Herkunft, der hessischen Landschaft, seinem Vater.

Noch über dessen frühen Tod hinaus hat das Kind ein genaues Andenken an ihn bewahrt: »Ich weiß ihn mir überhaupt sehr genau vorzustellen, er war ein höchst arbeitsamer, ordentlicher, liebevoller Mann; seine Stube, sein Schreibtisch und vor allem seine Schränke mit ihren sauber gehaltnen Büchern, bis auf die rot und grünen Titel vieler einzelner sind mir leibhaft vor Augen.«

Viele Verfasser ihrer Lebensgeschichten widmen den Eltern breitesten Raum in den Erinnerungen an ihre Kindheit. Die Beschreibung des Äußeren des Vaters, sein Eindruck auf die Kinder, seine besonderen Verhaltensweisen, kurz sein auf die Familie gerichteter Lebensstil lassen breite Möglichkeiten für die Darstellung des Abschnitts der Lebensgeschichte, in der man sich mit der Kindheit und Jugend befaßt – und mit den Eltern, die für das Werden am meisten prägenden Menschen.

Manchmal sind die Erzählungen der Lebensgeschichte des Vaters eng verbunden mit der des Großvaters. Eines der schönsten Erinnerungsbücher in deutscher Sprache stammt von dem großen Romancier Theodor Fontane. In der Autobiographie »Meine Kinderjahre«, die mit dem Beginn der Gymnasialjahre Fontanes abbricht, hat der Dichter seinem hugenottischen Vater ein großartiges Denkmal gesetzt. Aber zunächst erfährt der Leser von Theodor Fontanes Großvater. »Mein Vater Louis Henri Fontane, geb. am 24. März 1796, war der Sohn des Malers und Zeichenlehrers Pierre Parthelémy Fontane. Was dieser, mein Großvater, als Maler leistete, beschränkte sich vorwiegend auf Pastell-Kopien... als Zeichenlehrer aber muß er tüchtig gewesen sein, denn er kam zu Beginn des neuen Jahrhunderts an den Hof und wurde mit dem Zeichenunterricht der königlichen Prinzen betraut.«

Anschließend an diese Charakteristik wird der weitere Lebensweg des Großvaters dargestellt, der später Schloßkastellan wurde. Ganz elegant läßt Fontane seinen Vater dann eine von dessen Lieblingsgeschichten über die eigene Jugend erzählen und leitet damit zum Lebensweg von *Louis Henri* über, den er bis zu dessen Verlobung mit der Mutter des späteren Dichters verfolgt.

Es wird also zunächst ein Kurzporträt des Großvaters, dann der frühe Lebensweg des Sohnes bis zur Verlobung erzählt, die als Voraussetzung der eigenen Lebensgeschichte des Verfassers anzusehen ist. Wenn man so beginnt, folgt man also einem ganz berühmten Muster, das sich in der autobiographischen Literatur oft finden läßt.

Fragen

☐ Wie heißt Ihr Vater?
☐ Wo und wann wurde er geboren?
☐ Was wissen Sie über seine Kindheit?
☐ Welches Verhältnis hatte er zu seinen Eltern?
☐ Hatte er Geschwister? Wieviel? Wie heißen/hießen sie?
☐ Hatte er Menschen in der Verwandtschaft, denen er ganz besonders nahestand?
☐ Wo verlebte der Vater seine Kindheit und Jugend?
☐ Hat er aus dieser Zeit besondere Erinnerungen, die er gerne weitererzählt hat?
☐ Welche Ausbildung hat Ihr Vater genossen?
☐ Kennen Sie alle seine Abschlüsse?
☐ Gab es in seiner Ausbildungszeit/Schulzeit/Universitätszeit besondere Vereine, denen er angehörte?
☐ Was finden sie für Ihren Vater besonders charakteristisch?
☐ Welchen Beruf/welche Berufe hat er ausgeübt?
☐ Hatte er in seinem Leben besondere Krankheiten?
☐ Welche Lebensphasen fand Ihr Vater am schönsten? Hat er Ihnen davon erzählt?
☐ Hielt er etwas für seine größte Leistung/wichtigste Tat?
☐ Wie kam er in Krisen in der Familie zurecht?

- [ ] Was ist Ihr eigener stärkster Eindruck von Ihrem Vater?
- [ ] Bewunderten Sie Ihren Vater?
- [ ] Gab es eine Lebensphase, in der Sie ihn als Vaterfigur besonders typisch fanden (Aussehen, Verhalten)?
- [ ] Wie hat er sich Ihnen gegenüber verhalten, als Sie sich vom Elternhaus gelöst hatten?
- [ ] Wie beurteilen Sie von heute aus gesehen die Ehe Ihrer Eltern?

Die Mutter

Privateste Erinnerungen an die Mutter – Die Mutter
Fontanes – Eine andere »Dichtermutter« – Soziale
Verhältnisse – Bildung – Die Mutter Johanna
Schopenhauers – »Mutterns Hände« – Ida Ehre und
ihre Mutter – Fragen

> *»Nichts in der Welt ist Kindern schmeichelhafter,*
> *als sich bei allem, was Pflege heißt, in der Hand der*
> *Mutter zu wissen; mir wenigstens war es ein Hoch-*
> *genuß, wenn meine Mutter mich selbst anzog oder*
> *mich zu Bett brachte, was sie auch in der Regel tat,*
> *wenigstens solange ich noch das einzige Kind*
> *blieb. Später freilich mußte ich es mir gefallen las-*
> *sen, daß mir dergleichen Dienste von einer Kinder-*
> *frau geleistet wurden, welche Frau Venus hieß.*
> *Diesen hochberühmten Namen führte sie übrigens*
> *keineswegs wegen irgendeiner Ähnlichkeit mit je-*
> *ner Göttin, sondern bloß deshalb, weil ihr seliger*
> *Eheherr ›Herr Venus‹ geheißen hatte«*
>
> *Wilhelm von Kügelgen,*
> *Jugenderinnerungen eines alten Mannes*

Die Erinnerung an die Mutter ist das Privateste, das jeder
Mensch aus seiner Kinderzeit mit sich trägt. Es ist unmöglich, hier mehr als allgemeine Ratschläge für die Darstellung
zu geben. Der Verfasser glaubt daher, daß es anregend ist,
in anderen Autobiographien von der Darstellung der Mutter zu lesen. Kehren wir also zu Fontane zurück.

In seinen »Kinderjahren« schildert Fontane seine Mutter
von ihrer Herkunft her. Da die ganze Familie Fontane huge-

nottischer Herkunft war, prägte sich der Einfluß bei den Familienmitgliedern unterschiedlich aus. Der kleine Theodor hing wohl später mehr an seinem Vater. Die Ehe der Eltern war überdies nicht glücklich. Er schildert die Mutter aus der Rückschau aber als »gütig und hülfsbereit. Erst in meinen alten Tagen ist mir der Sinn für ihre Superiorität aufgegangen. Als ich noch selber jung war, erschien mir vieles in ihrer Haltung, besonders meinem Vater gegenüber, zu hart und zu herbe, später indes habe ich einsehen gelernt, wie richtig alles war, was sie tat, vor allem auch was sie nicht tat und beklage jetzt jeden gegen sie gehegten Zweifel.«

In dem von dem alten Fontane entworfenen Charakterporträt seiner Mutter ragen Züge heraus wie ihre Überlegenheit gegenüber dem Rest der Familie, aber auch ihr Temperament, das mitunter als Heftigkeit empfunden wurde. Tief bedauert es der Sohn, daß er in seiner Jugend seine Mutter nicht richtig eingeschätzt hat.

Fontanes jüngerer Zeitgenosse, der aus Ostpreußen stammende Dramatiker des Naturalismus Hermann Sudermann, schildert seine Mutter so: »Meine Mutter war eine geschäftige kleine Frau, vom Morgen bis in die Nacht hinein auf die Wohlfahrt der Ihrigen und den Glanz des Hauses bedacht. Sie wusch und schneiderte, sie polierte und zimmerte, sie putzte und plättete immerzu. Das Lichtchen an ihrem Bette brannte bis zur Morgenhelle . . .«

Daß Frauen im 19. Jahrhundert und früher natürlich mit heutigen Bildungsgängen kaum vergleichbare Voraussetzungen hatten, geht aus vielen Erinnerungen an die Mütter hervor. Johanna Schopenhauer, die Mutter des großen Philosophen Arthur Schopenhauer, hielt von den Kenntnissen ihrer eigenen Mutter herzlich wenig:

»Ein kleines zierliches Figürchen mit den niedlichsten Händchen und Füßchen, ein paar große sehr lichtblaue Augen, eine sehr weiße feine Haut und schönes langes lichtbraunes Haar, so war sie in der äußeren Gestalt. [...] In Hinsicht auf das, was in unseren Tagen von Frauen und Mädchen gefordert wird, war freilich die Erziehung meiner Mutter nicht minder vernachlässigt worden, als die der Mehrzahl ihrer Zeitgenossen. Ein paar Polonaisen, ein paar Murkis auf dem Klavier, ein paar Lieder..., Lesen und Schreiben für den Hausbedarf, das war so ziemlich alles...« Zur Entschädigung habe ihre Mutter natürlich Verstand, Mutterwitz und eine »rege Auffassungsgabe« gehabt.

Eine ganze Kulturgeschichte des Volkes würde entstehen, würden alle Erinnerungen an die Mütter der Autobiographen einmal gesammelt. Ob diese nun ihre Kinder liebten, sich weniger um sie kümmerten, sich sogar von der Familie trennten – die unendliche Vielfalt des menschlichen Lebens spiegelt sich in diesen Erinnerungen an die Mütter

Das berühmte Gedicht von Kurt Tucholsky, Mutterns Hände, stammt zwar nicht aus einer Autobiographie, könnte aber ihr als Dank der Kinder entstammen. Aus ihm sei hier die erste Strophe zitiert:

> Hast uns Stulln jeschnitten
> un Kaffee jekocht
> un de Töppe rübajeschohm –
> un jewischt und jenäht
> un jemacht un jedreht...
> Alles mit deine Hände.

Wieviele Verfasser haben ein solches Bild der unermüdlichen, sich aufopfernden Mutter gezeichnet!

Ida Ehre, die verstorbene großartige Schauspielerin und Theaterleiterin der Hamburger Kammerspiele, hat in einer Sammlung autobiographischer Zeugnisse unseres Jahrhunderts ein bewegendes Bild ihrer Mutter überliefert. Die Witwe eines jüdischen Oberkantors mußte vom 32. Lebensjahr an ihre sechs Kinder ganz allein durchbringen, da ihr keine Pension des zu früh verstorbenen Mannes zustand. So berichtet Ida Ehre von dem aufopferungsvollen Kampf der Mutter um das tägliche Brot, von der nicht nachlassenden Fürsorge und der Güte der Mutter. Ida Ehre läßt einen ungeheuren Stolz auf diese Frau erkennbar werden, die sich nicht wiederverheiratete, um für die Kinder ungeteilt dazusein. Sie berichtet von dem Familienleben und von der Kraft, die von ihrer Mutter auf die Kinder ausstrahlte. Tief betroffen fühlt sich der Leser, wenn er am Ende des Porträts liest, wie die Tochter in Wien mitansehen muß, daß die Mutter nach dem »Anschluß« zu den jüdischen Menschen gehörte, die »verschickt« wurden. Und ihr Bild von der Mutter endet mit dem Schock, wie sie erlebt, als die Mutter mit anderen Leidensgenossen auf einem Lastwagen deportiert wird.

Fragen

- ☐ Wie heißt Ihre Mutter? Was war ihr Geburtsname?
- ☐ Wo und wann wurde sie geboren?
- ☐ Wissen Sie etwas über ihre Kindheit?
- ☐ Wer waren ihre Eltern? In welcher Beziehung stand sie zu ihnen?
- ☐ Hatte sie Geschwister? Wieviele? Ihre Namen?
- ☐ Welche Menschen aus ihrer Verwandtschaft standen ihr nahe?
- ☐ Wo verlebte sie ihre Kindheit und Jugend?
- ☐ Hat sie oft davon erzählt? Gibt es besondere Geschichten?
- ☐ Welche Ausbildung hat ihre Mutter?
- ☐ Unterschied sich ihre Ausbildung von der anderer Mädchen ihrer Zeit?

- Welchen Beruf/welche Berufe hat sie ausgeübt?
- Wo haben sich Ihre Eltern kennengelernt?
- Wissen Sie Einzelheiten von der Hochzeit Ihrer Eltern?
- Auch von ihrer Hochzeitsreise?
- Welches Verhältnis hatten Sie zu Ihrer Mutter?
- Was finden Sie an Ihr besonders charakteristisch?
- Waren Sie ihr Lieblingskind?
- Welche Erinnerung an Ihre Mutter ist Ihre stärkste?
- Wie hat sie sich Ihnen gegenüber verhalten, als Sie das Elternhaus verließen?
- Welche Rolle nahm Ihre Mutter gegenüber Ihren eigenen Kindern ein?
- Falls Ihre Mutter bereits gestorben ist: Wann? Was war die Todesursache? Wo liegt sie begraben?

Ich – der neue Erdenbürger

Heiteres Beginnen – Der Eintritt ins Leben – Erste
Namen – Taufnamen – Spitznamen –
Familienphotos – Geschichten – Fragen

*»Am 28. August 1749, Mittags mit dem Glocken-
schlage zwölf, kam ich in Frankfurt am Main auf
die Welt. Die Constellation war glücklich; die
Sonne stand im Zeichen der Jungfrau, und culmi-
nierte für den Tag; Jupiter und Venus blickten sie
freundlich an, Mercur nicht widerwärtig; Saturn
und Mars verhielten sich gleichgültig: nur der
Mond, der so eben voll ward, übte die Kraft seines
Gegenscheins um so mehr, als zugleich seine
Planetenstunde eingetreten war. Er widersetzte
sich daher meiner Geburt, die nicht eher erfolgen
konnte, als bis diese Stunde vorübergegangen.«*
Johann Wolfgang Goethe,
Aus meinem Leben, Dichtung und Wahrheit

»Dichtung und Wahrheit« ist die berühmteste deutsche
Selbstbiographie. Sie ist aber auch – wie der Titel sagt – nach
den Bedürfnissen des Dichters geschrieben: Von der weisen
Höhe seiner Alterserfahrungen herab lächelt uns der Dich-
terfürst ironisch zu. Es ist also nicht unbedingt ein ganz
ernstgemeinter Rat, der in diesem Kapitel das Motto bildet.
    Da wir von unserer Geburt nichts wissen können, sind wir
auf die Zeugen angewiesen. Und da ein Zentralereignis wie
die Ankunft des neuen Menschleins in jeder Familie die auf-
merksamsten Chronisten findet, sind wahrscheinlich auch
Geschichten darüber noch im Umlauf.

Viele Verfasser ihrer Lebensgeschichten umspielen ihren Lebenseintritt mit heiteren Worten. Manche Kinder kommen überraschend, manche wollen nicht, andere kommen wie gewohnt häuptlings, andere machen Mühe, erscheinen in den unmöglichsten Lagen – wir wollen hier keinem gynäkologischen Standardwerk Konkurrenz machen.

Eins ist sicher: der spätere Autobiograph muß überlebt haben. Oft war er, zumal in früheren Zeiten, der Sonnenschein der Familie. Wehmut mischt sich immer dann ein, wenn von früh verstorbenen Geschwisterkindern die Rede ist. Kindersterblichkeit gehörte nun mal zum Leben in den vergangenen Epochen.

Ein schon weiter oben zitiertes Lieblingsbuch des deutschen Bürgertums, die heute zu Unrecht vergessenen »Jugenderinnerungen eines alten Mannes«, halten das Ereignis so fest: Wilhelm von Kügelgen wurde »am 20. November des Jahres 1802 in Petersburg geboren, und zwar zur Unzeit, indem ich dem Programm meiner Mutter um zwei Monate zuvorkam: ein Umstand, der auf meine spätere Entwicklung nur nachteilig influieren konnte.«

Hier also auch Ironie, denn Kügelgen wurde nicht nur berühmt, sondern auch alt.

Wie auch immer: Das wonnige Vergnügen, das jeder Mensch empfindet, wenn ein quäkendes Seinesgleichen das Licht der Welt erblickt, sollten Sie Ihren späteren Lesern mitteilen. Haben Sie Furcht, zu »privat« oder zu »kitschig« zu werden, ist auch dieser Anfang denkbar:

☐ Zitieren Sie einfach Geschichten, die von den Umständen Ihrer Geburt erzählt worden sind oder:

☐ Begnügen Sie sich mit den bloßen Fakten!

Soll aber dieses erste Lebenskapitel ausgestaltet werden, können Sie ja auch Photographien aus der Zeit als Säugling beschreiben. Sprechen Sie von sich wie z. B. Kügelgen als dem kleinen »Kahlkopf« oder wie andere als dem »Rollauge«, der »Tolle«, oder welche Bezeichnungen für Sie verwendet worden sind.

Ob, wie bei Goethe, astrologische Konstellationen bei der Bestimmung des späteren Lebensweges als Hilfe herbeigeholt werden sollen, hängt ganz von Ihnen und Ihrer Beziehung zur Astrologie ab.

In die Darstellung dieses frühesten Lebensabschnittes gehört auf jeden Fall ein weiteres wichtiges Kapitel: Wie soll das Kind heißen? Es geht also um die Taufe und um die berühmten »Formulare«, die bekanntlich bei der Wiege anfangen. Hier sind die bei dem Taufakt verliehenen Namen zu nennen.

Sicherlich haben sich die Eltern bei Ihrem Namen etwas gedacht. Und das gibt womöglich erneut Gelegenheit, in die Familiengeschichte auszuschweifen. Denn die Eltern hatten zumeist eine bestimmte Person oder mehrere Leute im Sinn: Großmütter oder -väter, Onkel, Tanten, berühmte Menschen, vielleicht auch nur sich selbst. Möglicherweise hatten Sie Glück wie der Verfasser: Noch heute freut er sich darüber, kein Mädchen geworden zu sein. Denn dann hätte er einen Namen erhalten, dessen altfränkische Biederkeit ihm noch heute Schauer über den Rücken jagt.

Man merkt: Erinnerungsanlässe gibt es zahlreiche, die Möglichkeiten, durch Geschichten die Autobiographie zu beleben, sind vielfältig.

Apropos Familiengeschichte: Wenn die Taufnamen aufgezählt werden, sollten Sie nicht vergessen, warum der Rufname nun gerade der besondere Name war, den Sie heute noch benutzen. In vielen Autobiographien verweist man auch gerne auf die in der Kinderzeit üblichen Kose-, Neck- und Spitznamen. Haben Sie den Mut, auch diese heute vielleicht lächerlich erscheinenden – die Wissenschaft nennt sie auch »Lallnamen« wie »Bobo« oder »Mummele« – Namen der Kindheit in die Aufzeichnungen miteinzubeziehen!

»Ich empfing die Namen Wilhelm Georg Alexander, letzteren zum Gedächtnis jenes jugendlich liebenswürdigen Kaisers, welcher kaum ein Jahr vor meiner Geburt den russischen Thron bestiegen...«, so Wilhelm von Kügelgen. Nicht ganz so schnell sind manche Zeitgenossen mit der Nennung ihrer Taufnamen fertig. Die Tochter des letzten deutschen Kaisers Wilhelm II. braucht in ihren Erinnerungen für ihre Taufnamen und ihre dazugehörigen Titel insgesamt 15 Druckzeilen!

Taufbilder sind übrigens ebenfalls hervorragende Anlässe, in die Geschichte der Familie einzutauchen. Will man ein Photoalbum mit Hinweisen und Erklärungen zur Lebensgeschichte beifügen, wird man hier vielleicht besonders fündig, um sich der Nachwelt zu präsentieren.

Jetzt ist schon eine erste Möglichkeit, auf die Geschwister, soweit sie auf den Photos erscheinen, hinzuweisen. Der große zeitliche Abstand könnte auch Gelegenheit geben, auf einige Besonderheiten der Aufmachung, der Kleidung, der Haar- und Barttracht, der Umgebung im Elternhaus aufmerksam zu machen.

Solche Erklärungen werden von den Lesern gedankt, weil sich die heutigen Lebensumstände doch sehr verändert haben!

Fragen

☐ Wo und wann wurden Sie geboren?
☐ Gibt es besondere Umstände von Ihrer Geburt zu berichten?
☐ Wurden Sie in einem Krankenhaus, zu Hause oder einem dritten Ort geboren?
☐ Sind Sie ein Sonntagskind?

- ☐ Spielten Tag, Stunde, Monat und Jahr später in Ihrem Leben eine besondere Rolle?
- ☐ Befragen Sie die Astrologie? Lieben Sie Horoskope?
- ☐ Wann und wo wurden Sie getauft?
- ☐ Welcher Konfession gehören Sie an?
- ☐ Ist es die gleiche Konfession, die beide Eltern haben?
- ☐ Spielt die Taufe für Sie später eine wichtige Rolle?
- ☐ Sind Sie sehr religiös erzogen worden?
- ☐ Welche Namen wurden Ihnen gegeben?
- ☐ Unterscheiden Sie nach Rufnamen, anderen Namen, Kose-, Neck- und Spitznamen!
- ☐ Welche Gründe hatten Ihre Eltern für die Namenwahl?
- ☐ Gefällt Ihnen Ihr Name?
- ☐ Fallen Ihnen weitere Geschichten zu Ihrem Namen ein?

Kinderjahre

Erinnerungen an die Kindheit im Alter – Methoden
der Erinnerung – »Besitz« – Spielzeug und
Phantasie – Gutenachtgeschichten –
Spielkameraden – Nicht erfüllte Wünsche –
Feiertage und Feste – Weihnachten –
Essensbräuche – Ferien – Glückliche Kindheit –
Kindliches Leid – Krankheit und Tod –
Zusammenfassung – Fragen

»Nun stehe ich am Ziel, der Ring des Lebens
schließt, Anfang und Ende berühren sich. Mit einer Macht des Erinnerns, die nur das hohe Alter
kennt, lebt die Kindheit vor mir auf. Aber nicht wie
ein kräftig ausgeführtes Gemälde auf hellem Hintergrund, in einzelnen Bildern nur, die deutlich
und scharf aus dem Dämmer schweben. Die Phantasie übt ihr unbezwingliches Herrscherrecht und
erhellt oder verdüstert, was sie mit ihrem Flügel
streift. Sie läßt manches Wort an mein Ohr klingen,
das vielleicht nicht genau so gesprochen wurde, wie
ich es jetzt vernehme; läßt mich Menschen und Be-
gebenheiten in einem Lichte sehen, das ihnen eine
an sich vielleicht zu große, vielleicht zu geringe Bedeutung verleiht. Ihrer über das Kindergemüt, dessen Entfaltung ich darzustellen suchte, ausgeübten
Macht wird dadurch nichts genommen.«

Marie von Ebner-Eschenbach
Meine Kinderjahre

Diese Worte stehen im Vorwort, das die bedeutende österreichische Erzählerin (1830–1916) ihren Erinnerungen an die Kinderzeit vorangestellt hat, die sie im Alter von 75 Jahren in Rom zu schreiben begann. Sie machte die beglückende Erfahrung älterer Menschen, daß sich gerade die aus den frühesten Lebenszeiten stammenden Erinnerungen im Alter wieder einstellen – ein Vorgang, den man beim Schreiben bemerken wird, und der etwas zu tun haben muß mit der Struktur unseres Langzeitgedächtnisses.

Ein weiteres geht aus Marie von Ebner-Eschenbachs Worten hervor: Wir bewahren die Ereignisse in unserem Gedächtnis nicht in einer Art »neutraler Objektivität« als Beobachter von uns selbst, sondern sie prägen sich uns in jeweils besonderen Konstellationen ein, die für uns von Gewicht waren.

Als Rat daraus leiten wir ab, daß uns Furcht vor »Verfälschung«, vor fehlender Objektivität überhaupt nicht hemmen darf. Die Erinnerungen an die Kindheit sind von kostbarer Substanz; ihr nähern wir uns am besten behutsam.

Für das Schreiben gilt hier vor allem: Immer nur so lange etwas notieren oder formulieren, wie der Impuls anhält. Dann läßt man besser seine Notizen oder Sätze liegen, als daß man versucht, sich gewaltsam auf die Sprünge zu helfen.

Die Bedeutung von Kindheitserinnerungen wird auch in anderen Autobiographien hervorgehoben und reflektiert. Ina Seidel, die bekannte Dichterin (1885–1974), hebt in ihrem »Lebensbericht« hervor, daß sie aus den ersten Lebensjahren nur manche kleinen Erlebnisse herausstellt, »weil sie mich in einer Weise beeindruckten, die ich heute noch nachfühlen kann«.

Erinnerungen anderer Menschen rufen unsere eigenen hervor. Wer könnte das nicht nachvollziehen, daß zwischen dem eigenen Erleben als Kind und der »objektiven« Bedeutung der Ereignisse eine unüberbrückbare Kluft besteht!

Wie ergötzlich schildert Ina Seidel, welche ungeheure Bedeutung für sie mancher »Besitz« hatte! Sie hatte »Rohrkolben, Schneckenhäuser, Muschelschalen«; sie erinnert sich an den Besitz von »Feuerbohnen und Maiskörnern, Quarzkristallen und grünlich schimmernden Erzbrocken, Vogelfedern, Schlangenhäuten, Bernstein und Donnerkeilen wie an verlorengegangene, unersetzliche Schätze«. Lehrreich ist auch ihre Erklärung: das Kind lebe völlig unberührt von den jeweils gültigen Maßstäben und habe einen eigenen »Wertmesser« in sich.

Auch besondere Erlebnisse aus der Kinderzeit sind völlig jenseits der Erfahrungswelt der Erwachsenen angesiedelt. So schildert Ina Seidel die stärkstes Herzklopfen erregende Jagd der Kinder nach einer einen Meter langen Schlange im Garten, eines so monströsen Ungeheuers, das noch lange nach der vergeblichen Jagd in der Erinnerung starkes Grausen auslöste.

Das Kind erschafft sich seine Welt. Steht nicht der Erwachsene fassungslos, wenn er aus welchen Zufällen auch immer auf Gegenstände seiner Kinderzeit stößt? Und es sind eben nicht die Gegenstände selbst, sondern es ist die sie umschaffende Phantasie des Kindes, sein Schöpfertum, das aus dem Trivialsten das Kostbarste macht.

Gerade »arme« Kinder, aus sehr beengten Verhältnissen stammend, haben diese Erfahrung in ihren Lebensgeschichten wiedergegeben. Peter Rosegger (1843–1918), vielen Lesern bekannt aus seiner Sammlung von Kindheitserinnerungen – »Als ich noch der Waldbauernbub war« – schreibt: »Ich habe als Kind mir meine Welt, die von Natur höllisch klein war, auseinandergedehnt ... Und es ist ... ein Sack draus worden, in welchem all die unglaublichen Phantastereien einer ungezogenen Bauernbubenseele vollauf Platz gehabt haben.«

So schildert er im Kapitel »Allerlei Spielzeug« unübertrefflich, wie der kleine Waldbauernbub, der kaum Spielzeug hatte, sich die Städte, die er nicht sehen konnte, selbst erbaute. »Die jahrelange Kränklichkeit meines Vaters verschaffte mir das Baumaterial. Die Hustenpulver vom Doktor, der spanische Brusttee vom Kaufmann, die Medizinflaschen vom Bader waren stets in gutes, oft sogar schneeweißes Papier eingeschlagen; aus diesem Papier schnitzte ich mit der Nähschere meiner Mutter... allerlei Häuser, Kirchen, Paläste, Türme, Brücken, bog sie geschickt zur passenden Form und stellte sie in Reihen und Gruppen auf den Tisch.«

An Kinderspielzeug und an kindliche Spiele erinnern sich viele Autobiographen. Außerdem fallen ihnen häufig Details des Tageslaufes des kindlichen Lebens ein. Die große Bedeutung, die die alltäglichen »Rituale« hatten – wie etwa der Zeitpunkt, an dem man zu Bett gehen mußte – oder auch das Zu-Bett-Bringen selbst: sie stellen Fixpunkte der kindlichen Erinnerung dar. Wer würde je vergessen, wie die Gute-Nacht-Zeremonie mit dem mütterlichen Kuß für den Knaben gestaltet war, die der französische Romancier Marcel Proust in seinem monumentalen Werk »Auf der Suche nach der verlorenen Zeit« sicher autobiographisch immer wieder erzählt; wie die Katastrophe eintritt, als die Zeremonie aus nichtigen Anlässen ausbleibt!

Von Bedeutung können auch jene Geschichten sein, die dabei erzählt wurden. Erste Begegnungen mit der Welt der Märchen mögen hierbei entstanden sein. Haben Sie noch alte Kinderbücher aus Ihrer Jugend, sollten Sie in ihnen einmal blättern!

Spielkameraden der Kindheit! Aus dem Dunkel der frühen Tage können sie durch die Erinnerung wieder hervortreten. Vielleicht haben sie sich nur durch ein besonderes Erlebnis eingeprägt, wie es etwa Wilhelm von Kügelgen schildert, dem beim Spielen an einem Bach ein kleiner

Freund das Leben rettete, indem er den kleinen Wilhelm, der natürlich nicht schwimmen konnte, an den Haaren festhielt und dabei »schrie, daß ihm die Lungen bersten wollten«, bis ein Erwachsener den Knaben zur Hilfe eilte.

Wer vermöchte schon die bunte Vielfalt der kindlichen Welt ganz hier auszubreiten? Aber einige Erinnerungshilfen sollten doch für jenen paradiesischen Zustand gegeben werden, der unsere Kindheit ausmacht:

Hier war schon von Spielzeug unterschiedlicher Art die Rede. An manche ganz besonders liebe Gegenstände werden Sie sich bestimmt erinnern, oder aber an solche, die Sie sich innigst gewünscht, aber nie erhalten haben. Eventuell ist auch das ein Zugang, der hilft, in die frühkindliche Welt wieder zurückzukehren.

»Pfingsten/waren die Geschenke am geringsten./Während Ostern und Weihnachten/wenigstens etwas einbrachten.« So spottete Bert Brecht; die Welt der familiären Feste zu den Feiertagen kann eine weitere Erlebnisebene sein, die in den Erinnerungen geschildert werden können.

Gerade die Bräuche, die das Kind miterlebt, können für spätere Leser der Aufzeichnungen von starkem Reiz und hohem Wert sein. Sie sollten auch möglichst detailgetreu überliefert werden, wenn man sich an sie erinnert. Bezogen auf die »Leser« ist es natürlich wichtig, sich jeder Belehrung und Ratschläge an die späteren Generationen zu enthalten. Denn sonst meinen sie, daß die Erlebnisse nur zu einem pädagogischen Zweck herangezogen werden. Spätere Generationen wollen aber vor allem wissen, »wie es war.«

Das Weihnachtsfest hat hier immer eine besondere Rolle gespielt. Wie in der Literatur, ist es auch in den Lebenserinnerungen ein ganz besonderer »Stoff«. Wer erinnerte sich nicht an den kleinen Hanno in Thomas Manns berühmtem Roman »Buddenbrooks«? Und auch in vielen Autobiographien hat das Christfest seine Spuren hinterlassen.

Der ostpreußische Dramatiker Hermann Sudermann (1857–1928) schildert in seinem »Bilderbuch einer Jugend« ein Weihnachtsfest, das besonders im Gedächtnis blieb, weil es – beinah – nicht stattgefunden hätte. Zum Verständnis der weiter unten zitierten Stelle hier rasch der Zusammenhang:

Es ist das Jahr 1867, ein Not- und Hungerjahr, das auch vor dem Haus des Braumeisters Sudermann nicht haltmacht und wegen der Not, in die die Familie geraten ist, das Weihnachtsfest als eine Unmöglichkeit erscheinen läßt. »In diesem Jahr gibt's keine Bescherung«, erfahren die Kinder von der Mutter, können es aber nicht so recht glauben. In der Nacht zum Weihnachtstag – man bescherte nicht am Heiligen Abend – können alle drei Sudermänner nicht schlafen und schleichen stündlich zum Wohnzimmer der Familie, das fest verschlossen und dessen Schlüsselloch verhängt ist. Sie tun kein Auge zu und sitzen morgens um fünf Uhr fertig angezogen auf ihren Stühlen. Und als auch noch die Großmutter schimpft, sie habe wegen der »unartigen Kinder« in der Nacht kein Auge zugetan, lassen die Kinder alle Hoffnung auf die Weihnachtsbescherung fahren.

»Aber plötzlich – noch heute, da ich dies niederschreibe, macht mein Herz einen Sprung – ging es tieftönig wie eine Kirchenglocke ›Bum, bum, bum‹ durchs ganze Haus. Und als wir hinunterstürmend die Tür des Wohnzimmers aufrissen, da brannte der Weihnachtsbaum genau so hell, wie er in glücklichen Jahren gebrannt hatte. Und ringsum standen die bunten Teller und lagen die Geschenke in nicht geringerer Fülle, als sie uns sonst beschert waren. Zwar, sah man genauer hin, so fand es sich, daß in dem Stall ein Pferdchen fehlte und daß der Säbelgriff mit einer Drahtschlinge an der Klinge befestigt war . . . wir aber staunten und jubelten und hatten nie eine reichere Weihnacht erlebt.«

Die roten Pausbäckchen, die glänzenden Augen, das

klopfende Herz: diese Wonnen der Kindheit angesichts von Puppen, Spielzeuglokomotiven, Marzipan unter dem Lichterbaum – sollen die Erinnerungen daran nicht weitergegeben werden?

An dieser Stelle könnten auch die Essensbräuche im Elternhaus bei den Festen dargestellt werden. Es kann sein, daß bei den »Lebensrecherchen« das damalige Lieblingsgericht in der Erinnerung auftaucht. Im Zusammenhang mit den kulinarischen Erlebnissen zu Weihnachten müssen es aber nicht nur angenehme Erinnerungen sein; wer weiß, ob nicht auch Sie sich wie der schon zitierte Hanno wegen mancher Unmäßigkeit in die erfahrenen Hände des Hausarztes begeben mußten, um Ihre Leiden auszukurieren.

Ein weiterer Fixpunkt im Leben der Kinder sind die Ferien. Wie oft liest man, daß sie bei Verwandten »untergebracht« wurden. Großvater und Großmutter werden als Hüter der Kinder in den jährlichen Ferien dargestellt, es entstehen prachtvolle Schilderungen von Lebensverhältnissen, die den Autobiographen zumeist schon als nostalgischer Blick in sehr vergangene Zeiten geraten.

Für die kindliche Psyche entsteht in der Berührung mit der Welt der Verwandten ein vertrauter, aber in manchem doch andersartiger Raum, eine Welt besonderer Beziehungen, anderer Werte, an denen sich das Kind orientieren muß.

Dabei liebt man als Kind die Regelmäßigkeit, weil man stets Neues in der vertrauten Umgebung entdecken darf und weil sich der Radius der Aktivitäten stets erweitert.

Für Ihre Lebenserinnerungen hier der Rat: Lassen Sie sich vom Strom der Assoziationen treiben, fassen Sie einen Eindruck aus jenen Kindertagen in Worte, schildern Sie die damaligen Ferien nicht nach dem Prinzip der – sowieso unmöglichen – Vollständigkeit, sondern geben Sie wieder, was Ihnen selbst als etwas ganz Besonderes erscheint, sei das ein

Landschaftsbild, ein vertrauter Geruch, die Erinnerung an die unbezähmbare Vorfreude auf die Feriengenüsse …

>*Ich weiß, daß ich mit dem folgenden Satz gegen alle literarischen Konventionen verstoße, daß ich mich dem Verdacht der Schönfärberei, der Banalität, ja sogar dem vernichtenden Vorwurf des >Klischees< aussetze, aber ich sage es doch: ich habe eine glückliche Kindheit gehabt.*«

Carl Zuckmayer,
Als wär's ein Stück von mir

Wer sich so an seine Kindheit erinnert, wird auch gerne von ihr erzählen wollen. Daß diese Kindheit aber nicht als Kontinuum in der Erinnerung erlebbar ist, zeigen viele Lebenserinnerungen. Auch der Leser wird eher um das Bruchstückhafte und Besondere wissen.

Manche Autoren sprechen von ihren Kindererinnerungen als einem »Nebelmeer«, in dem aus der Erinnerung einzelne »Wipfel« hervortauchen. Mancher hält seine Erinnerungen für nicht »sehr lebhaft« und staunt beim Schreiben, »daß sie nur geweckt zu werden brauchen«.

Wir wollen in diesem Buch beim »Erinnern« helfen und zum »Bewahren« anregen. Hier folgen nun einige eher unsystematische Tips, die den Zugang zu weiteren Erinnerungen ermöglichen können.

Die kindliche Welt der Spiele, Feste, Vergnügungen, Reisen und Ferien könnte natürlich den falschen Eindruck erwecken, als ob das Kind jeden Tag »Geburtstag« hätte. Glück, wie es Zuckmayer aber eben genannt hat, besteht nicht nur aus solchen Zutaten; der berühmte Schriftsteller weist darauf hin, wie zum Empfinden des Glücks das Leid gehört, das der Mensch erleben muß. Sorgen, Nöte, Zweifel, Angst und Furcht: auch an sie vermag sich die Erinnerung zu binden, um das vergangene Leben wieder zum Vorschein zu bringen.

Wieviel menschlicher und näher wird dem jungen Leser später ein möglicherweise als streng und unnahbar erscheinender Großvater, der als Kind auch vielleicht beim Anziehen und der Körperpflege »gepiesackt« wurde, wie es Theodor Fontane geschildert hat, wenn er von den Torturen des Kämmens schreibt:

»Ich hatte lange blonde Locken, weniger zu meiner eigenen, als zu meiner Mutter Freude, denn um diese Locken in ihrer angeblichen Schönheit zu erhalten, wurde ich den andauerndsten und gelegentlich schmerzhaftesten Kämmprozeduren unterworfen, dem Kämmen mit dem sogenannten engen Kamm. Wäre ich damals aufgefordert worden, mittelalterliche Marterwerkzeuge zu nennen, so hätte der ›enge Kamm‹ mit obenan gestanden. Eh nicht Blut kam, eh war die Sache nicht vorbei . . .« Auch an die Pflege des »Teint« hat Apothekersohn Fontane peinvolle Erinnerungen hinterlassen; so etwa, wenn winterliche Kälte oder der Sonnenbrand der Haut zusetzten, pflegte Mutter Fontane das Kind durch Auflegen von Zitronenscheiben zu »heilen«.

Zu den Schattenseiten des Lebens, die sich aber dem Kind besonders tief einprägen, gehören auch die Krankheiten, seien sie nun die üblichen Kinderkrankheiten oder gefährliche Seuchen. Auch die Geißel vergangener Zeiten, der frühe Tod kleiner Kinder oder noch schlimmer, der Tod der Mutter im Kindbett, hinterläßt Spuren in den Autobiographien.

Dabei braucht die Krankheit nicht einmal die eigene zu sein, sondern kann auch Geschwister treffen, wie Wilhelm Grimm von seinem Bruder Jakob Grimm berichtet: »Ich erfreute mich in der ersten Jugend der vollkommensten Gesundheit und tat es darin allen Geschwistern zuvor; ich erinnere mich nicht einmal eines leichten Übelbefindens, und selbst die Blattern, an welchen wir Geschwister alle darnieder lagen, konnten mir nichts anhaben. Jakob war von dieser furchtbaren Krankheit heftig ergriffen, das ganze Gesicht, auch die Augen waren bedeckt, und fünf oder sechs Tage lag er völlig erblindet. Ich weiß noch, wie er nach seiner Genesung zum erstenmal an einem sonnigen Tage spazierengefahren wurde und mit dem fleckigen und narbigen Gesicht, aber ganz unentstellten Zügen, im Wagen saß. Die Narben sind nachher bis auf wenige Spuren völlig verschwunden . . .«

Wie unermeßlich tief der Tod der Mutter die Kinder trifft, wie sie leiden müssen, wenn ihnen geliebte Geschwister dahinsterben, gehört wohl zu den Erinnerungen, die hier nicht eigens aus der reichen autobiographischen Literatur dokumentiert werden müssen. Werfen wir zum Schluß dieses langen Kapitels über die Kindheit noch einen Blick in die Werke, in denen die Autobiographien wissenschaftlich dargestellt werden.

Zum Zwecke der Zusammenfassung und wegen der Übersichtlichkeit halten wir folgendes für diesen Lebensabschnitt fest: »Die Auswahl der Ereignisse wird in der Hauptsache von der Erinnerung getroffen – im allgemeinen gibt es keine andere Autorität, denn was im Gedächtnis bleibt, ist noch am Leben und lebhaft. Es mag etwas für die Vernunft Unbedeutendes sein, d. h. etwas, das innerhalb des persönlichen Entwicklungsweges keine Rolle spielt; wichtigere Erlebnisse mögen vergessen sein. Aber es ist die Vergangenheit, so wie wir sie jetzt besitzen, ihre Bedeutung liegt darin, daß sie *unsere* Vergangenheit ist . . . innerhalb des Rahmens der Kindheit selbst bietet sich der Erinnerung die Gelegenheit, jene wirkliche Übereinstimmung von Subjekt und Objekt, Vergangenheit und Gegenwart, geistiger Vorstellung und äußerem Vorgang zu schaffen ...« (Roy Pascal, Die Autobiographie)

Was hier über die literarische Autobiographie gesagt wird, hat auch für die eigenen Lebenserinnerungen Wert: Man kann beliebig auswählen. Es sollte nur das Belangvolle einbezogen werden. Man wird sich seiner selbst vergewissern, wenn man an die Kinderjahre erinnert.

Es ist ein Paradies zu entdecken, aus dem das tätige Leben jeden von uns entfernt hat und in das man nun schreibend zurückkehren darf.

Fragen

☐ Welches Lieblingsspielzeug hatten Sie?

☐ Welches Spielzeug haben Sie sich immer gewünscht?

☐ Können Sie sich an besondere Gegenstände erinnern, die Sie besaßen?

☐ Hat Ihre Mutter Ihnen Gutenachtgeschichten erzählt? An welche können Sie sich erinnern?

☐ Von welchen Spielkameraden Ihrer Kindertage wissen Sie noch etwas?

☐ Gab es nicht erfüllte Wünsche?

☐ Können Sie sich an Kinderspiele erinnern?

☐ Erinnern Sie sich an Feiertage und Feste?

☐ Welche Bedeutung hatte Weihnachten für Sie?

☐ Hatten Sie als Kind ein Lieblingsessen?

☐ Gab es in Ihrer Familie anläßlich der Feiertage bestimmte Essensbräuche?

☐ Wie waren die ersten Ferien, an die Sie sich erinnern?

☐ Welche Art von Ferien bevorzugte Ihre Familie?

☐ Wie wurden die Ferien gestaltet? Gab es bestimmte Abläufe?

☐ Empfanden Sie Ihre Kindheit als glücklich?

☐ Was mochten Sie als Kind nicht?

☐ Hatten Sie oder Ihre Geschwister schlimme Krankheiten?

☐ Wann merkten Sie zum ersten Mal etwas von der Bedeutung des Todes?

Das Elternhaus

Berühmte Elternhäuser – Familiengeschichte als
Alltagsgeschichte – Unterschiede von gestern und
heute – Kein einheitliches Muster – Querschnitt
durch die Gesellschaft – Beispiel Fontane –
Methode des Vorgehens – Wonnen der Kindheit –
Tips für den Anfang und die Durchführung –
Zufällige Erinnerungen – Goethes Elternhaus –
Umzüge, Tapetenwechsel – Ein besonderer Fund –
Hans Carossa – Fragen

*»Kein Haus ist so klein, daß es dem Kinde, welches
darin geboren ward, nicht eine Welt schiene, deren
Wunder und Geheimnisse es erst nach und nach
entdeckt. Selbst die ärmlichste Hütte hat wenigstens
ihren Boden, zu dem eine hölzerne Leiter hinauf-
führt, und mit welchem Gefühl wird diese zum ersten Mal erstiegen! Gewiß findet sich oben einiges
altes Gerät, das, unbrauchbar und vergessen, in
eine längst vergangene Zeit zurückdeutet und an
Menschen mahnt, die schon bis auf den letzten
Knochen vermodert sind. Hinterm Schornstein
steht wohl eine wurmstichige Kiste, welche die
Neugier reizt; handhoch liegt der Staub darauf,
noch sitzt das Schloß, aber man braucht nicht nach
dem Schlüssel zu suchen, denn man kann hinein-
greifen, wo man will . . .«*

Friedrich Hebbel,
Aus meiner Jugend

Nach den frühesten Erinnerungen und unseren ersten und prägenden Eindrücken aus der Kinderzeit soll es nun das Haus sein, in dem wir unsere Kindheit verlebten und das hier nach einer liebevollen Beschreibung verlangt. Welche Autobiographie käme ohne diese Schilderung aus! Durch alle Schichten und Stände kann derjenige schweifen, der unter dem Aspekt des Elternhauses die deutschen Autobiographien studiert. Ein ganzes Buch voller Erinnerungen an das Elternhaus ist kürzlich veröffentlicht worden. In ihm schildern berühmte oder zumindest bekannte Persönlichkeiten des öffentlichen Lebens, der Kunst, Wissenschaft und Kultur ihre Erinnerungen an ihr Herkommen. Spontan schrieb eine mir bekannte ältere Dame nach der Lektüre dieses Buches ihre eigenen Erinnerungen an ihr Elternhaus auf und widmete das Manuskript »Meinen Kindern«.

Aus dem Buch ergibt sich bezüglich der verschiedenen Elternhäuser ein Querschnitt durch die Mannigfaltigkeit der Gesellschaft der ersten Jahrzehnte dieses Jahrhunderts. Studiert man alle diese Aufzeichnungen der Kindheit und des Herkommens, geht einem heutigen nachdenklichen Betrachter schnell der Sinn auch dieses Buches hier eindrücklich auf: Indem man seine Erinnerungen für die Familie bewahrt, schreibt man gleichzeitig ein Stück deutscher Alltagsgeschichte des 20. Jahrhunderts.

Versetzt man sich in die Zeit der Kindheit und Jugend und läßt sie in der Sprache der Autobiographie wiedererstehen, werden den Lesern die Unterschiede zwischen Damals und Jetzt sehr deutlich: Das kann den Lebensrhythmus betreffen, der im Elternhaus herrschte, das können Mobiliar und Geräte sein, die wieder ins Gedächtnis kommen, es können Sitten und Bräuche sein, die mit dem Elternhaus zusammenhängen, aber auch nur die geänderten Straßengeräusche, das Leben auf der Straße vor dem Haus.

Die Gesamtheit aller dieser Veränderungen und Neuigkeiten kann hier nur angedeutet werden. Wie man selbst dieses Kapitel angeht, muß hier erst recht der einzelnen Entscheidung überlassen bleiben. Der Verfasser kann nur Vorschläge machen und mit seiner Kapitelaufbereitung viele Erinnerungsanlässe bieten. Selbst der eben genannte Sammelband zeigt kein einheitliches Muster. Betrachten wir zunächst die Gebäude selbst. Der oben zitierte Dichter Friedrich Hebbel (1813–1863) stammte tatsächlich aus einer kleinen Hütte, in der sein Vater, der Maurer im Tagelohn war, mit seiner Frau und seinen beiden Söhnen lebte.

Wie liebevoll und im Detail genau Hebbel in seiner Autobiographie sein ländliches Elternhaus schildert, die Kindheit, Schulzeit und Jugend in ihrer Dürftigkeit, aber auch in ihrem Reichtum an emotionaler Zuwendung seitens der Eltern und der Umwelt, ist menschlich so anrührend, daß diese Autobiographie von Hugo von Hofmannsthal in seine Sammlung der berühmtesten Erzählungen des 19. Jahrhunderts aufgenommen worden ist. Studiert man diese kleine Autobiographie gründlich, ist man immer von neuem erstaunt und entzückt wegen der prallen Fülle der erinnerten Zeitumstände.

Industriesiedlungen, Rittergüter, Mietwohnungen in großen Blocks und Hinterhöfen, Schlösser, Villen, einfache Wohnhäuser, Bauernhäuser auf dem Land: eine Übersicht über die oben genannten Elternhäuser vermittelt einen tiefen Einblick in die deutschen Lebensverhältnisse früherer Jahrzehnte. Da wird noch in den Waschküchen selbst gewaschen, da kocht man für die hohen Herrschaften in der Küche im Souterrain der Gründerzeitvilla und schickt die Speisen auf das Klingeln hin mit dem von Hand betriebenen Aufzug nach oben, da waren Hausangestellte noch eine Selbstverständlichkeit für die bürgerliche Familie . . .

Elternhäuser waren sie alle, ob Hütte, Villa oder Schloß. Wollen Sie Ihr eigenes beschreiben, lassen Sie sich hier von einer typischen Schilderung eines Gebäudes als erstem Zugang anregen. Es soll daher noch einmal Theodor Fontane zu Wort kommen: Sein Elternhaus in Swinemünde an der Ostsee beherbergte die Apotheke des Ortes, ein Haus mit einem ungeheuer hohen Dach, unter dem sich fünf (!) Dachböden befinden:

»Das Riesendach mit seinen fünf Böden hatte seines Eindrucks auf mich nicht verfehlt, das Haus selbst aber, das, geduckt unter diesem Dache lag, [...] ließ, wie äußerlich, so auch in seinem Innern viel zu wünschen übrig. An den mit Ziegelsteinen gepflasterten Flur lehnte sich, gerade die Mitte desselben treffend, von links her eine mächtige Küche, von rechts her ein gewölbtes Laboratorium, als Grundform des ganzen Hauses ein Kreuz herstellend, in dessen vier Ecken sich vier Quadrate mit sehr primitiven Geschäfts- und Wohnräumen einschoben. In dem ersten Quadrat befand sich, außer der Apotheke, noch die Gehilfenstube, während das zweite Quadrat nur ein einziges Zimmer einschloß, einen mehrfenstrigen Saal, den Stolz des Hauses. Apotheke wie Saalzimmer sahen auf die Straße. Die die Rückfront bildenden Quadrate drei und vier hatten dagegen den Blick auf den Garten und bestanden einerseits aus einem Wohnzimmer für meinen Vater, andererseits aus einer Stube für uns Kinder. Wo es irgend ging, waren verbleibende kleine Raumreste zu Schlafkammern hergerichtet; nur der Saal blieb von so niederer Umgebung verschont. Im übrigen war alles klein und eng. Von gefälliger Ausschmückung an Wand oder Decke zeigte sich nirgends eine Spur, Öfen und Dielen waren schlecht, ganz besonders unschön aber war die schüttgelbe Farbe, womit, wie der Flur, so auch alle Zimmer des Hauses gleichmäßig gestrichen waren.«

Da benennt und beschreibt Fontane zuerst das Auffälligste, nämlich das Haus mit dem Riesendach – ihm gegenüber wirkt der eigentliche Hauskörper flach und niedrig. Dann entwirft er einen leicht überschaubaren Grundriß des Hauses, schildert mit anschaulichen, weil die toten Gegenstände belebenden Verben das Innere. Die Küche »befindet sich« nicht etwa links, sondern »lehnte sich von links her« an. Von weiteren Zimmern heißt es, daß sie sich als Quadrate »einschoben«. »Raumreste« waren zu Schlafkammern »hergerichtet«.

Liest man Fontanes Schilderung weiter, verschweigt er auch nicht die Mängel des Hauses, die wenig anheimelnde grelle Farbe, den Zustand der Wohnung insgesamt. Mit feiner Ironie resümiert er schließlich: »Das Haus, zumal die eigentlichen Wohnräume, waren das Mindeste zu sagen anfechtbar . . .«

Von der Darstellung des Hauses geht der Dichter dann über zur Schilderung der Umgebung als den Plätzen der größten Kinderwonnen. Folgt man seinen Worten, könnte man tatsächlich das Landleben des 19. Jahrhunderts für das verlorene Paradies halten . . .

Da wird von den ungeheuren Ställen berichtet, von Vorratsräumen, in denen sich die Kinder tummelten, von der jährlich zweimal wiederkehrenden Überschwemmung im Keller, die den Anlaß zu immer kühner ersonnenen Floßkonstruktionen und abenteuerlichen Schiffsreisen boten. Beute der kleinen Seeräuber in ihren zweckentfremdeten Waschzubern wurden dann an den »vier Küsten« die auf Regalen befindlichen – Einmachgläser.

»Alles das ist mir im Plaudern wieder lebendig geworden . . .« beschreibt der Dichter des »Stechlin« und Schöpfer der unvergänglichen »Effi Briest« sein rückerinnerndes Schreiben, in dem er seine Kindheit wiedererstehen läßt.

Fontanes »Meine Kinderjahre« sind eine Fundgrube, um Anregungen für die eigene Autobiographie zu sammeln. Da ja ohnehin nicht alle Erinnerungen präsent sein können, bedarf es immer wieder neuer Anstöße, um in die Kindheit zurückzutauchen.

Da wird bei ihm der »Salon« der Mutter samt der Einrichtung wieder deutlich, ohne daß es aber zu einer dürren Aufzählung von Gegenständen käme. Statt dessen schafft der Autor die Lebendigkeit dadurch, daß er die Zimmer des Hauses in ihrer Verwendung durch die Bewohner erstehen läßt. Die auf dem erhöhten Platz am Fenster residierende Mutter, die Tee trinkenden Damen auf Besuch, der kleine, Kuchen herumreichende Theodor ...

Zweifellos sind es die Kindheit und das Haus, in dem der Mensch aufwächst, die die stärksten Eindrücke für das Leben bewirken. Dieser Auffassung begegnet man in vielen Autobiographien. Sie hat auch hier zur Folge, daß dieser Zeit in diesem Buch und vielleicht auch in Ihrer Autobiographie erheblich mehr Raum gegeben wird als anderen Lebensphasen, selbst wenn diese zeitlich länger sind.

»Das Elternhaus war der liebste und schönste Ort auf der Welt.« Gleichgültig, ob Entbehrungen und Mangel an Spielzeug die Kindheit begleitet haben: in dieser Auffassung sind sich die meisten Verfasser von Autobiographien einig. Den Grund dafür hat Hebbel in seinen Kindheitserinnerungen benannt: »Der Hauptreiz der Kindheit beruht darauf, daß alles, bis zu den Haustieren herab, freundlich und wohlwollend gegen sie ist, denn daraus entspringt ein Gefühl der Sicherheit ...« Es ist also auch Dankbarkeit gegenüber den Lebensumständen der Kindheit und frühen Jugend, die dazu bewegt, dem Elternhaus liebevolle Aufmerksamkeit in der Rückschau zu widmen. Seine sorgfältige Darstellung wird also ein besonderes Anliegen sein, und daher kann man sich an dem nun folgenden Muster für die Darstellung orientieren:

Man beginnt mit dem Teil des Hauses, an den man sich am

besten erinnern kann. Erläutern Sie möglichst genau die Lage des Hauses in Ihrem damaligen Heimatort. Anschließend empfiehlt es sich, das Äußere des Hauses, die Zahl seiner Stockwerke, die Dachform, seine direkte Umgebung in klarer und anschaulicher Weise zu beschreiben, damit sich die Leser bei einem »Rundgang« durch das Elternhaus besser orientieren können. Danach ist es ratsam, bevor das Innere des Hauses nacheinander dargestellt wird – wenn man es für nötig hält –, sich seiner besonderen Atmosphäre zuzuwenden. Waren es vornehmlich Farbeindrücke, die Sie von ihm hatten, können Sie sich an Gerüche erinnern? Welche Rolle spielte das Licht? Gab es durch die Baulichkeit einen alles beherrschenden Eindruck? Fühlten Sie sich in dem Haus wohl, oder wenn, in welchem Teil besonders, in welchem nicht?

Diese Fragenkette ist beliebig fortsetzbar. Sie ist ja auch nur dazu da, Kindheitserinnerungen an das Elternhaus hervorzurufen. Manchmal spielt dabei auch der Zufall eine große Rolle. Vielleicht werden Sie während des Schreibens der Erinnerungen auf Gegenstände aufmerksam, an denen Sie sonst eher achtlos vorübergegangen wären.

Die »ungewollte Erinnerung« ist im Romanwerk Marcel Prousts, des Romanciers des 20. Jahrhunderts, der seine Kindheit am gründlichsten erforscht hat – »Auf der Suche nach der verlorenen Zeit« –, im Grunde das Schlüsselerlebnis.

Den Vorgang hat jeder einmal erlebt: Meist ist es nicht vorherbestimmbar, was die Erinnerung auslöst. Das Besondere ist, daß sie sich spontan einstellt. Man meint, so etwas habe man schon einmal erlebt. Der Geruch eines Parfums kann es sein; Auslöser kann die Berührung eines Holzgeländers sein, eine Tonfolge oder eine Buchstelle – wichtig ist vor allem, daß man an diesen Erinnerungsfragmenten nicht achtlos vorübergeht, sondern sie für sein Zwecke nutzt.

Da man aber diese spontanen Erinnerungen nicht hervorrufen kann, müssen andere Hilfsmittel her.

Hat man das Äußere, die beherrschenden Eindrücke der Baulichkeit und auch »die Atmosphäre« beschrieben, kann man dann dazu übergehen, von den einzelnen Stockwerken und Zimmern des Elternhauses ein anschauliches Bild zu entwerfen. Es empfiehlt sich hierbei aber, um eine lebendige Erzählung zu erreichen, die Zimmer nicht wie tote Museumsgegenstände zu behandeln, sondern in ihnen das Leben im Elternhaus wieder erstehen zu lassen.

Getreu unserer Methode, uns an berühmten Autobiographien zu orientieren, sei hier Goethe zitiert, dessen Elternhaus in Frankfurt vielen deutschen Literaturfreunden von eigenen Besuchen her bekannt ist. In »Dichtung und Wahrheit« schreibt Goethe zum Beispiel:

»Wenn man sich erinnern will, was uns in der frühsten Jugend begegnet ist, so kommt man oft in den Fall, dasjenige, was wir von andern gehört, mit dem zu verwechseln, was wir wirklich aus eigner anschauender Erfahrung besitzen. Ohne also hierüber eine genaue Untersuchung anzustellen, bin ich mir bewußt, daß wir in einem alten Hause wohnten, welches eigentlich aus zwei durchgebrochenen Häusern bestand. Eine turmartige Treppe führte zu unzusammenhängenden Zimmern, und die Ungleichheit der Stockwerke war durch Stufen ausgeglichen. Für uns Kinder, eine jüngere Schwester und mich, war der untere weitläufige Hausflur der liebste Raum, welche neben der Tür ein großes hölzernes Gitterwerk hatte, wodurch man unmittelbar mit der Straße und der freien Luft in Verbindung kam. Einen solchen Vogelbauer, mit dem viele Häuser versehen waren, nannte man ein Geräms...« Goethe fügt anschließend sofort eine Geschichte aus seiner Kindheit an, ehe er weitere Partien des elterlichen Hauses darstellt.

Die düstere Atmosphäre des alten Hauses, in dem Gespensterfurcht nur zu gut gedieh, wandelt sich erst dann, als sich Goethes Vater zu einem gründlichen Umbau entschließt und damit die Stätten der frühen Kindheit endgültig verschwinden.

Veränderungen und Umzüge können es auch sein, die den Blick zurück fördern. Mußte man als Kind mit seiner Familie den Wohnort wechseln, kann das zu einer bleibenden Erinnerung werden. Sollte man also in der Kindheit einen solchen »Tapetenwechsel« erlebt haben, kann das dazu dienen, weitere Erinnerungsschichten zu erschließen.

Hans Carossa, dessen Feder eines der schönsten deutschen Kindheitsbilder entstammt, verbindet mit einem solchen Umzug eine ganz neue Welt. Man zieht vom Dorf in eine Stadt; das Haus ist größer, die Umgebung weitläufiger, die Menschen zunächst sehr fremd, bis sich die Chance für das eher furchtsame Kind ergibt, sie näher kennenzulernen.

Das neue Haus mit dem weitläufigen Boden – man sieht hier ein sehr gängiges Motiv von Kindheitserinnerungen! – reizt den Knaben zur Erkundung. Natürlich ist es verboten hinaufzusteigen. Er tut es doch, greift in ein kleines Wespennest, entdeckt eine mumifizierte Fledermaus, stellt die »wunderlich fremd und verschoben« wirkende Ansicht der Nachbarhäuser durch das Dachfenster fest, entdeckt – es handelt sich um ein seit Generationen von Ärzten bewohntes Haus – des weiteren mit Totenköpfen versehene gummierte Etiketten für Arzneiflaschen, findet altes ärztliches Gerät wie »Messer, Scheren, schauerlich gekrümmte Zangen, Sägen, Pinzetten und Spatel«. Ein ergiebiger Spaziergang auf den väterlichen Boden! Doch es soll noch »besser« kommen.

Zwischen den alten Geräten ragen einige »braune runzlige Finger, leicht gekrümmt und gespreizt« heraus. Die Angst überwindend, zerrt der Knabe schließlich einen ganzen »schlotterigen Menschenarm samt Schulterblatt und

Schlüsselbein« heraus. Oh Wunder der kindlichen Psyche! Natürlich muß der Arm der Mutter gezeigt werden. Sie hält der kleine Hans für klug, »fast so klug wie der Vater«, die zu erwartende Strafe erscheint ihm geringer als das auf der Seele lastende Geheimnis des braunen Arms vom Boden. Es kommt also, wie es kommen muß: Der Arm wird die Treppe hinunter geschleift, die Begegnung mit der Familie schildert Carossa so:

»Es war die Zeit des Teetrinkens, und eben befand sich die Magd mit Kannen und Tassen auf dem Weg von der Küche nach dem Wohnzimmer. Sie schrie wie ein Tier, wurde kalkweiß und neigte sich, während Geschirr und Löffel niederklirrten, mit weitaufgerissenen Augen an die Wand.« Dann habe die Mutter die Situation gerettet, der Arm entpuppte sich als anatomisches Präparat; zur »Strafe« muß der Junge am Abend noch ein besonderes Gebet für die Seele des armen Toten sprechen. Die Beute, den Arm, muß er allerdings wieder abgeben, behalten darf er nur die Fledermaus, eine Pinzette und weitere unbedeutende Funde.

Zusammenfassend wäre hier zu sagen: Beschließen Sie die Erinnerungen an Ihr Elternhaus – wie es Carossa tut – mit einem aufregenden Kindheitserlebnis!

Fragen

☐ Wo lag Ihr Elternhaus? Befand es sich in eher ländlicher oder städtischer Umgebung?

☐ Wieviele Jahre haben Sie in diesem Haus gelebt?

☐ Sind Sie sehr oft umgezogen, oder bezeichnen Sie nur ein Haus als »Ihr Elternhaus«?

☐ Welche Erinnerung an Ihr Elternhaus ist beherrschend?

- ☐ Können Sie sich an eine ganz besonders mit dem Elternhaus und seinen Teilen verbundene Geschichte erinnern?
- ☐ Lebten Sie in einem Haus oder in einer Wohnung?
- ☐ Wieviel Zimmer hatte das Elternhaus?
- ☐ Hatten Sie ein eigenes Zimmer? Durften Sie wechseln?
- ☐ Gab es verbotene Teile des Hauses?
- ☐ Erinnern Sie sich daran, daß Sie Verbote überwunden haben?
- ☐ Wo hielten Sie sich im Haus am liebsten auf?
- ☐ Welchen Ausblick hatten Sie von Ihrem Zimmer oder aus anderen Zimmern des Hauses?
- ☐ Unterschied sich Ihr Haus von den Nachbarhäusern?
- ☐ Welche Erinnerungen an seinen Bau, die Dachform, die Fenster, die Hausfarbe, die Eingangstür etc. haben Sie?
- ☐ Welche direkte Umgebung hatte das Haus? (Garten, Garage, Hof...)?
- ☐ Liebten Sie das Haus? Wenn nicht, warum?
- ☐ Wo lag das Haus?
- ☐ Wie lange lebte Ihre Familie dort?
- ☐ Sind Sie in dieser Zeit umgezogen?
- ☐ Wenn, wie oft und wohin?
- ☐ Welchen Einfluß hatten diese Umzüge auf Ihr Leben?
- ☐ Hat sich eins dieser neuen Häuser Ihnen besonders eingeprägt?
- ☐ Hatten Sie zu dem Dorf/der Stadt/der Landschaft eine besondere Beziehung?
- ☐ Welche Erinnerungen haben Sie an das Haus, in dem Sie als Kind lebten?
- ☐ Was bedeuteten für Sie als Kind die Jahreszeiten?
- ☐ Wann merkten Sie als Kind das erste Mal: »Ich bin Ich!«?

Erstes Lernen

Kindergarten / Vorschulische Erziehung – Wenig
Erinnerungsspuren – Entwicklung der
Kindergartenidee – Schuleintritt früher und heute –
Die »Klippschule« Hebbels – Erinnerungen des
Verfassers – Fragen

> *»Ich weiß nur noch von einem Eintritt in eine Spiel-*
> *schule, und daß ich unter großer häuslicher Aufre-*
> *gung, ausgestattet mit einem karierten und gegurte-*
> *ten Kittel, um das Leibchen eine sehr schöne per-*
> *lenbestickte Tasche gehängt, durch ›unsere Berta‹*
> *in irgendein muffiges Lokal gebracht wurde, von*
> *dem ein Liniensystem von Bänken in meinem Ge-*
> *dächtnis geblieben ist wie ein Gradierwerk, in das*
> *wir kleinen stullenbewehrten Opferlämmer der Bil-*
> *dung eingepfercht wurden. Da gab's große Bilder-*
> *tafeln, Kartenstöcke, Sätze von mit Bildmosaiken*
> *beklebten Würfeln und eine Faust voll grauen knet-*
> *baren Kittes, aus dem wir Schweinchen und kleine*
> *Tassen formen mußten. Ich ging ganz gern . . . und*
> *ich glaube, wir waren alle sehr artig.«*
> *Carl Ludwig Schleich,*
> *Besonnte Vergangenheit*

Wenn Verfasser von Autobiographien zu diesem ersten Bil-
dungsabschnitt zurückkehren, haben sie meistens nicht sehr
viel zu berichten. Auf der Grenze zwischen der behüteten
Kindheit unter dem Schutz der Mutter, der Großmutter
oder mancher Tante, gedeiht das Kind ohne Einflüsse von
außen. So wird es auch noch zumeist nicht als so ein arger

Einschnitt empfunden, wenn mit dem Eintritt in einen Kindergarten oder eine Vorschule, mit dem Eintreffen der ersten »Lehrperson« für den Privatunterricht früherer Zeiten oder den ersten konkreten Bemühungen der Eltern um Wissenszuwachs der Kleinen das allererste, oft noch unbewußte Lebensstadium verlassen wird.

In der Regel wird die Schule als ein wesentlich härterer Schnitt und Bruch mit der glücklichen Kindheit empfunden. Doch davon später mehr!

Interessant ist bei diesen Erinnerungen, daß sie meist sehr diffus, bruchstückhaft und ungenau sind. Der Kindergarten unseres Jahrhunderts hat auch in der Erinnerungsliteratur nur wenig Spuren hinterlassen.

Wer erinnerte sich noch heute an den Schöpfer dieser Einrichtung, den Pädagogen Friedrich Fröbel! Wie seltsam mag es heute erscheinen, daß fast zehn Jahre lang im Staate Preußen der Kindergarten Fröbels als »atheistisch und demagogisch« verboten war (von 1851 bis 1860). Die gute Idee allerdings konnte auch kein staatliches Verbot unterdrücken. Ja, so erfolgsgekrönt war – nicht zu Lebzeiten des Schöpfers der ersten Einrichtung »Kindergarten« – die Idee, daß sich ihr Name im angloamerikanischen Sprachraum als echtes Fremdwort durchsetzen konnte.

Es würde reizen, an dieser Stelle und an der Schwelle der Pädagogik weiter in die Geschichte auszuschweifen, aber nur noch soviel: Der Schuleintritt erfolgt bekanntlich mit dem sechsten Lebensjahr, manchmal heute auf Antrag schon etwas früher. Kinder, die heute die Schule beginnen, heißen dann im heutigen Kindergarten die »Kann-Kinder«. Das sind Kinder, deren Eltern sie aufgrund ihrer schon weiter fortgeschrittenen Reife schon vor Vollendung des sechsten Lebensjahres in die Grundschule schicken.

Frühere Zeiten waren da weit weniger »pingelig«. Je nach Stand und Schicht lesen wir von wesentlich früherem Eintritt in Schulen, die weder Kindergarten noch Schule sind und die mit zunehmend staatlichem Zugriff im 19. Jahrhundert rasch verschwinden.

Noch heute verwendet man den Begriff »Klippschule« oder »Quetsche« für Institute, an denen außerhalb des öffentlichen Systems zumeist dort gescheiterte Schüler unter erheblichem Geldaufwand ihrer Erzeuger Abschlüsse des öffentlichen Systems nachholen. Die »Klippschule« des 19. Jahrhunderts verbindet mit diesen heutigen Lernstätten nur der gemeinsame Bezugspunkt, nicht innerhalb des öffentlichen Schulsystems angesiedelt zu sein. Die Klipp- oder Winkelschule des 19. Jahrhunderts beherbergte auch zumeist wesentlich jüngere Schüler. Stellte man alle Zeugnisse über sie zusammen, erhielte man ein Erzieher- und Pädagogen-Panoptikum sehr eigener Art.

In unser Kindergarten-Kapitel passen die Erinnerungen Friedrich Hebbels an seine Klippschule auch deswegen gut hinein, weil sie, anders als es der heutige Kindergarten tut, das Kind sehr viel früher die Welt, wie sie wirklich war, wahrnehmen ließen. Darüber hinaus zeigen sie eine so prägnante Chefin einer Klippschule, daß es zu schade wäre, sie hier nicht aufzuführen.

»In meinem vierten Jahre wurde ich in eine Klippschule gebracht. Eine alte Jungfer, Susanna mit Namen, hoch und männerhaft von Wuchs, mit freundlichen blauen Augen, die wie Lichter aus einem graublassen Gesicht hervorschimmerten, stand ihr vor. Wir Kinder wurden in dem geräumigen Saal, der zur Schulstube diente und ziemlich finster war, an den Wänden herumgepflanzt, die Knaben an der einen Seite, die Mädchen auf der anderen. Susannas Tisch, mit Schulbüchern beladen, stand in der Mitte, und sie selbst saß, ihre weiße tönerne Pfeife im Munde und eine Tasse Tee vor sich, in einem respekteinflößenden, urväterlichen Lehnstuhl dahinter. Vor ihr lag ein langes Lineal, das aber nicht zum Linienziehen, sondern zu unserer Abstrafung benutzt wurde, wenn wir mit Stirnerunzeln und Räuspern nicht länger im Zaum zu halten waren; eine Tüte voll Rosinen, zur Belohnung außerordentlicher Tugenden bestimmt, lag daneben. Die Klapse fielen jedoch regelmäßiger als die Rosinen, ja die Tüte war, so sparsam Susanna auch mit dem Inhalt umging, zuweilen völlig leer . . .«

Macht es eigentlich viel aus, wenn wir soweit zurückgehen, um unseren Erinnerungen an die verschollene Zeit des Kindergartens auf die Sprünge zu helfen? Kaum: Die für das Kind neue Situation, die Trennung von der Mutter, das Begreifen einer neuen Ordnung, in die man eingefügt wird – und das mit vielen anderen gleichzeitig! –, die fremde Autorität, der man sich zu fügen hat, ihre Gewohnheiten, Belohnungen und Strafen: was ändert sich schon in solchen quasischulischen Situationen!

Als Kriegskind im Trümmerdeutschland gab es für den Verfasser übrigens solche Einrichtungen nicht. Möge Ihnen daher ein Blick auf die Kindergärtnerinnen meiner eigenen Kinder beim Erinnern helfen, denen hier ein Denkmal, besser ein -mälchen gesetzt wird.

Eine ließ die Kinder sich aufstellen und erlaubte den Eltern nicht, sie aus dem Gebäude selbst abzuholen. Artig in Zweierreihen marschierten die Kinder aus dem Kindergartengebäude heraus zum Tor der Stätte, die in einen Jägerzaun eingelassen war, hinter welchem die Eltern auf dem Bürgersteig der Straße warteten. So schlug sie zwei Fliegen mit einer Klappe; sie sicherte sich vor den neugierigen Blicken der Eltern in ihren Wirkungskreis und erzeugte mit den beinah im Gleichschritt trippelnden Kleinen den Eindruck einer untadeligen Ordnung. (Dies geschah anno 1970, in einer westdeutschen Großstadt; gleichzeitig gab es Elterninitiativen, die die Kinder machen ließen, was sie wollten. Das war dann die antiautoritäre Erziehung).

Natürlich waren nicht alle Kindergärtnerinnen weibliche Dragoner. Zuneigung und Verständnis, Herzlichkeit und Freundlichkeit lernten die meisten Kinder ebenfalls kennen.

Kommen wir nach diesem Exkurs wieder auf Ihre Lebensgeschichte zurück. Sie sollten sich hierbei nicht allzu lange aufhalten, wenn Sie keine genauen Erinnerungen haben. Genauso wirkungsvoll ist in den Aufzeichnungen eine lebendig erzählte Geschichte, in der man berichtet, wie man früh mit der Autorität fremder Erwachsener konfrontiert worden ist.

Weiß man aber noch einiges über den Kindergarten oder vergleichbare Formen, sollte man nicht zögern, auch heute überholt Erscheinendes zu berichten. Alles ist von Interesse, aber bedenken Sie, daß dem familiären Lesepublikum weniger an Informationen über vergangene Bildungssysteme gelegen ist als an den Erinnerungen, die Sie persönlich daran haben. Freude und Leiden erfährt schließlich jeder gerade im Erziehungssystem, und es macht menschlich reicher, wenn man damit nicht hinter dem Berg hält.

Fragen

- ☐ Haben Sie einen Kindergarten besucht?
- ☐ Gab es sonst eine Art von vorschulischer Erziehung?
- ☐ Können Sie sich an Kindergärtnerinnen oder sonstige Lehrpersonen erinnern?
- ☐ Wissen Sie noch (s. auch Familienphotos), welche Kleidung Sie trugen?
- ☐ Haben Sie Erinnerungen an die Gebäude oder die Zimmer?
- ☐ Gab es für Sie dort Lieblingsspielzeug?

☐ Welche anderen Kinder waren mit Ihnen dort zusammen?

☐ Haben Sie Erinnerungen an besondere Erlebnisse?

Erste Liebe

Früheste Liebe – Karpfenteich und Quittengelee:
Die Erinnerungen von Carl Schurz – Frühe
Enttäuschungen – Keine Bindungen an Zeiten oder
Länder – Sweethearts Apfelbäckchen: Die erste
Liebe des Elias Canetti – Fragen

> *»In unserem Hause oben wohnte ein Junge, Otto
> Kunzemüller, der war meine erste Liebe. Wir spiel-
> ten unten im Hof und Garten mit den anderen
> Hauskindern in ziemlicher Freiheit. Die Julie hatte
> entdeckt, daß ich und der Otto manchmal in den
> Keller gingen, um uns zu küssen... Das Küssen
> war kindlich und feierlich. Es wurde nur immer ein
> Kuß gegeben, und wir nannten das eine Erfri-
> schung... Ich weiß, daß es wundervoll war. Ich
> liebte den Otto tatsächlich so stark, daß ich ganz
> ausgefüllt war davon. Weil ich aber in Liebessa-
> chen ganz unwissend war und er, so will es mir
> scheinen, auch, so blieb es bei diesem Erfri-
> schungskuß.«*
>
> *Käthe Kollwitz,*
> *Jugend am Pregel und an der Küste*

Ist das nicht ein Hauptpfeiler, um die schönsten Kindheitserinnerungen an ihm liebevoll zu vertäuen? Wie rührend ist
es, sich des Kontrastes zwischen heute und damals zu erinnern! Stärkste Gefühle, die dem Kind hier bewußt werden,
die seine Selbstempfindung vorwärts treiben! Welche span-
nungsreiche Kluft zwischen den Erinnerungen der alten
Frau, als Käthe Kollwitz ihre Lebenserinnerungen schrieb,

und dem ernsten und holden Kind, das sie wiedererstehen läßt.

Ereignete sich hier die Begegnung zwischen den jungen Geschlechtern in der unmittelbaren Nachbarschaft, so finden sich auffällig viele solcher Erinnerungen mit der frühesten Schulzeit verknüpft.

Zuvor aber noch ein Blick in die Memoiren des '48er Revolutionärs und späteren amerikanischen Innenministers Carl Schurz (1829–1906) Schurz erzählt, wie er sich als sehr kleiner Knabe in eine 18jährige Gräfin verliebt und auch öffentlich erklärt, sie heiraten zu wollen. Zur »Katastrophe« kommt es, als ein junger Mann mit der Gräfin flirtet, während beide an einem Teich stehen und der Jüngling nach Karpfen angelt.

»Eine wütende Eifersucht ergriff mich. Ich verlangte schreiend, der junge Mann müsse sich sofort von der geliebten Gräfin Marie entfernen, widrigenfalls man ihn ins Wasser werfen solle. Ich ergrimmte noch mehr, als der junge Mann nicht nur nicht fortging, sondern mich sogar auszulachen schien. Ich tobte und brüllte . . . Endlich kam die gute alte Köchin des Grafen auf einen gesunden Gedanken. Sie führte mich in die Küche, wo sie mir einige Löffel Quittengelee zu essen gab. Quittengelee war mir ein ganz neuer Lebensgenuß und hatte auf meinen Liebesschmerz eine merkwürdig beruhigende Wirkung . . .«

Gehabte Schmerzen, die hab ich gern! Der Spruch von Wilhelm Busch paßt aber doch nicht so recht zu diesen frühen Erinnerungen. Die elementare Wucht, mit der sich die ersten Eindrücke dieser Art in die junge Seele brennen, sorgt in der späteren Autobiographie für manche der menschlich anrührendsten Passagen. »Ein leidenschaftliches Zittern überflog mich, das Blut drang mir zum Herzen, aber auch eine Regung von Scham mischte sich gleich in mein erstes Empfinden«, heißt es in der schon zitierten Autobiographie aus Friedrich Hebbels Jugendtagen, als er in der »Klippschule« sich als kleiner Junge in die »Tochter des Kirchspielschreibers« verliebt.

Wie wundervoll, rührend und auch erheiternd sind solche Spaziergänge durch die frühen Erinnerungen! Daher soll hier zum Schluß des Kapitels von einer besonders amüsanten Erinnerung an eine Kinderliebe gesprochen werden, die der Nobelpreisträger für Literatur 1981, Elias Canetti, im ersten Teil seiner dreibändigen Erinnerungen – »Die gerettete Zunge« – erzählt.

Canettis Werk, erschienen 1977, das in Kürze ein Bestseller wurde, weil es eine so exemplarische Autobiographie des 20. Jahrhunderts ist, berichtet in geradezu fotografischer Schärfe von den Bemühungen des kleinen Elias um ein Mädchen aus der gleichen Schulbank namens »Mary«. In der englischen Schule – die Familie lebte damals in Großbritannien – ist es nicht nur das sprachliche Neuland, in das sich der kleine Junge einfinden muß. Schnell hat er seine Banknachbarin in »Little Mary« umbenannt. Er darf sie nach der Schule begleiten und verabschiedet sich von ihr mit einem »good-bye-kiss«.

Dieses wäre alles nur recht beiläufig, wenn der Grund der frühen Passion nicht so hervorspringend wäre: es waren die roten Wangen des Kindes, »wie Äpfelchen«, nach denen es den dunkelhaarigen Knaben verlangte, so daß er darüber Schule und Lehrerin vergißt. Nicht einmal Marys warnende Worte – »Sonst sag ich's meiner Mutter« – können seine Zärtlichkeiten aufhalten. Zu Hause singt er unablässig: »Little Mary is my sweetheart! Little Mary is my sweetheart!«

Erst ein Besuch der energischen Mutter des »sweetheart« macht der »heftigen Passion« ein Ende. Und den kleinen Jungen besticht dabei vor allem, daß ihm die Standpauke – auf englisch gehalten wird.

Häufig enden solche erste Liebschaften auch tragisch. Wie ahnungsvoll und seltsam berührt es das jugendliche Gemüt, wenn ein Freund oder die »Geliebte« der Kinderzeit frühzeitig stirbt!

Der geneigte Leser versteht wohl, daß es dem Verfasser angesichts der frühen Herzensangelegenheiten nicht eben leicht fällt, sich hier mit Ratschlägen für die Abfassung dieses Kapitels der Lebensgeschichte einzumischen. Aus diesem Grund sollen die Beispiele auch eher für sich sprechen und Anregungen geben, jenen Zeiten nachzuspüren, in denen sich das junge Herz zum ersten Mal in seiner Beziehung zum anderen Geschlecht entdeckte.

Dieses Kapitel soll also – wenn ein solches überhaupt in die Aufzeichnungen übernommen wird – einerseits genau, andererseits so dezent wie die hier genannten Werke sein. Den späteren Leser verstimmen könnte nur, wenn man »kitschig« statt ehrlich wäre.

Fragen

- ☐ In wen »verliebten« Sie sich damals unsterblich?
- ☐ Unter welchen Umständen geschah das?
- ☐ Woran erinnern Sie sich bei ihr/bei ihm besonders?
- ☐ Wußte sie/er von Ihrer Neigung?
- ☐ Welche Erlebnisse hatten Sie gemeinsam?
- ☐ Was wußten Ihre Eltern davon?
- ☐ Wie endete die Beziehung?
- ☐ Was wissen Sie vom weiteren Lebensweg Ihres Freundes/ Ihrer Freundin?

Schule

Der erste Schultag – Erwartungen vorher – Details des Schulbeginns – Der erste Lehrer – Sein Äußeres – Geschichten des Schulanfangs – Ein Streifzug durch die Schulen – Schule als »notwendiges Übel« – Die Schule der Jahrhundertwende – Schüler und Schule damals – Die Lehrer – Besondere Typen – Die »Pauker« – Streiche – Käuze, Originale – Vorbilder – Konrad Duden – Realistisches Bild der eigenen Lehrer – Klassenkameraden – Schulfächer – Schulformen – Geschichten – Ein früheres Zeugnis – Die Versetzung – »Lektüren« – Utensilien der Schulzeit – Zeit auf der Schule – Fragen

Wer jemals, war es noch so kurz, auf schmaler Bank/ Am schrägen vielzerschnittenen Tisch als Schüler saß,/ Der kennt den Reiz von Schulgeschichten. Laßt mich denn/ Der Art ein paar berichten!...

Emanuel Geibel,
Schulgeschichten

Jetzt wird es ernst. Wir verlassen den umhüteten Raum der frühen Kindheit endgültig und finden uns, vielleicht mit einer spitzen Schultüte voller Süßigkeiten versehen, auf einem Schulhof; vielleicht macht man ein Photo von uns, gemeinsam mit den anderen Zöglingen, der Lehrer mit ergründlich strenger Miene, heute wohl eher eine freundlich lächelnde Grundschullehrerin... Wenn man es vermag, sollte man dieses lange Kapitel der Lebenserinnerungen mit der Schilderung des ersten Schultages beginnen.

Vielleicht erinnert sich der eine oder andere auch noch an die Wochen und Monate, die diesem Tag vorangingen. Kaum etwas beansprucht im Leben der Kleinen vorher einen so breiten Raum der Erwartung wie die kommende Schulzeit; sie nimmt man im Spiel vorweg, das mit den Freundinnen und Freunden im Kindergarten oder zu Hause gespielt wird.

Wahrscheinlicher ist aber, daß über der eintretenden Realität alle diese Erinnerungen unrettbar verblaßt sind. Genau und klar hingegen sind erste Schulerlebnisse in die Erinnerung eingelassen.

An dieser Stelle einige Tips für die Erinnerung. Schildern Sie möglichst anschaulich die Eindrücke, die im Gedächtnis aufbewahrt sind:

☐ Der Weg zur Schule; der Schulhof und das Schulgebäude; die besondere Kleidung an diesem Tag; der erste Eindruck von dem neuen Klassenraum;

☐ der Abschied von den Begleitpersonen, wer auch immer sie waren;

☐ Die Ausstattung am ersten Schultag (Ranzen, Stifte, Tafel etc).

Sehr viel Wert sollte man auch auf die Darstellung der ersten Lehrperson legen, die einem gegenübertrat, um in das noch unbekannte Reich der Bildung einzuführen. So heißt es in einer deutschen Selbstbiographie: »Zu dem Bild jener Zeit gehört notwendig die lange, vornübergebeugte Gestalt des Klassenlehrers... mit den buschigen Brauen, den wulstigen Lippen und der bedächtigen Rede, deren dialektische Färbung die nahe ländliche Heimat des unvergeßlichen Schulmanns verriet...«

Dem Kind, das sehr genau beobachtet, fallen vor allem

74

einzelne Züge an der Person auf: neben der Haltung Besonderheiten der Physiognomie und die Sprechweise. Liest man Schulerinnerungen, könnte man hier sehr lange zitieren, vor allem wegen der plastischen Eindrücke, die die Verfasser von ihren Lehrern hinterlassen haben.

Viele erzählen eine kleine Geschichte. Das hat den großen Vorteil, daß die Schulerinnerungen sich flüssiger und eventuell auch amüsanter lesen lassen werden. Die Leser werden sich vielleicht selbst in ihnen entdecken und daher sehr viel mehr Verständnis aufbringen.

Ganz falsch wäre es sicherlich, wollte man viel von dem Schulsystem selbst berichten. Auch hier interessieren natürlich die äußeren Gegebenheiten am meisten in bezug auf die eigene Entwicklung.

Dennoch kommen wir zu einem Abschnitt dieses notwendig längeren Kapitels, in dem wir bei einem Streifzug durch Autobiographien etwas von der allgemeinen Einschätzung der Schule im letzten und in diesem Jahrhundert erfahren wollen, wie sie sich in den Erinnerungen berühmter Zeitgenossen spiegelt. Auch hieraus mögen manche Anstöße für die eigene Darstellung der Schulzeit, wie die Leser »die Penne« erlebt haben, erwachsen.

Dabei wollen wir zunächst allgemeine Eindrücke zusammenstellen, ehe wir zu den individuellen, sprich den Individuen, also den Lehrern selbst, kommen.

»Ich war sehr gehorsam. Ich sprang immer als erster auf, wenn der Lehrer die Klasse betrat. Sitzen blieb ich nur zu Ostern«, spottete der Kabarettist Werner Finck in seinen Memoiren über seine Schulzeit. »Ich versprach mir sehr wenig von der Schule«, sagt er im Rückblick an anderer Stelle.

Hiermit klingt ein Motto an, das sich wie ein roter Faden durch zahlreiche Schulerinnerungen zieht. In den Erinnerungen vieler berühmter Zeitgenossen und prominenter Persönlichkeiten vergangener Zeiten hat die Schule eine sehr unterschiedliche Rolle gespielt, wobei »die Schule« oder das ganze System häufig schlecht wegkommen; man betrachtet sie als »notwendiges Übel«, eine Zeit, der man sich nicht entziehen kann, die den jungen Menschen mit Routine und Plackerei bedroht und langweilt.

Vielfach ist es aber nicht etwa die »Plage regelmäßigen Unterrichts«, sondern ist es das System selbst, die Schule wie sie vor allem um die Jahrhundertwende und weit bis in die ersten Jahrzehnte des 20. Jahrhunderts hinaus beschaffen war, die ihre Zöglinge an sie ungern oder unwillig, traurig oder zornig zurückdenken läßt. »Die deutschen Schulverhältnisse«, schreibt Martin Gregor-Dellin im Vorwort zu seiner Sammlung von Schulgeschichten und -erinnerungen in Deutschland, »sind ein getreues Spiegelbild der deutschen Zustände.« Das Schulsystem sei in seiner »unrevidierbaren Verfestigung« ein Produkt der deutschen Kleinstaaterei, in seiner Bürokratie und seinem Streben nach Perfektion ein Ergebnis des »Nachholbedürfnisses deutscher Staatlichkeit«.

Es ist leider wahr: Durchmustert man die Erinnerungen und Memoiren, gerade von Schriftstellern, Wissenschaftlern, Künstlern und auch Politikern, so finden sich deutliche Abdrücke dieses Systems, tief oder weniger ausgeprägt, in fast allen Erinnerungsbüchern. Schulkritik habe sich, so Gregor-Dellin, geradezu an den Verhältnissen entzündet.

Monotonie, Herzlosigkeit und Geistlosigkeit wirft Stefan Zweig seiner Schulzeit vor. Angst scheint ein vielfach beherrschendes Gefühl besonders gerade der sensiblen und empfindlichen Zöglinge gewesen zu sein. Unterdrückung der freien Meinung, Drill, Zucht, Anpassung: An den deutschen Schulen scheint nach diesen Erinnerungen nichts Positives an Erinnerungen geblieben zu sein.

»Die Schule war eine rechte Last«, heißt es bei Carl Zuckmayer. Aber auch in anderen Ländern hatten berühmte

Leute als Schüler ihre starken Probleme mit der Schule; so Churchill, der im Rückblick seine Schulzeit »nicht nur die unerfreulichste, sondern auch die ödeste und unfruchtbarste Zeit meines Lebens« nannte. Für George Bernard Shaw war das »ganze Erziehungssystem . . . ein einziger Betrug«.

Viele hatten Angst (so etwa Kafka), andere liefen weg (Hermann Hesse); viele Schulerzählungen sind leider gar nicht idyllisch, sondern enden sogar mit dem Tod eines durch das System oder die Erziehungsansprüche gebrochenen jungen Menschen.

Es wäre falsch, diese dunkle Kehrseite des schulischen Lebens zu verschweigen; es wäre aber ungerecht, es dabei zu belassen und hier nicht auch noch ganz andere Stimmen zu Wort kommen zu lassen.

Richtig ist, daß vielen Menschen, gerade den betroffenen jungen, Ansprüche des Bildungssystems an sie nicht einleuchten, daß sie sich ihnen verweigern und ausbrechen. Gerade den starken Persönlichkeiten unter ihnen passiert so etwas eher als den angepaßten.

Zumindest unvollständig, wenn nicht sogar schief würden unsere Aufzeichnungen von dem schulischen Leben, wenn an dieser Stelle nicht die Lehrer selbst als die eigentlichen Rollenträger auf der Schulbühne erschienen. Es ist nun nicht nur geboten, sondern sogar erwünscht, wenn Sie sich jetzt wieder etwas heiterer stimmen: Was die »Lukasburger Stilblüten« für die Schüler, ist der Professor Johann Georg August Galletti für die Lehrer: das unerreichte Urbild aller jener Pädagogen, die vom Katheder herab unsterbliche Sprüche abgesondert haben und damit für das Image ihres Standes Unvergeßliches geleistet haben.

»Kathederblüten« nennt man Gallettis Sprüche. Etwa diesen: »Es ist eine üble Gewohnheit, abends im Bette zu lesen: denn man hat Beispiele, daß mehrere Leute, die abends ihr Licht auszulöschen vergaßen, am Morgen, wenn sie aufwachten, verbrannt waren.« – »Widersprechen Sie nicht dem, was ich Ihnen niemals gesagt habe!« und schließlich der klassische Versprecher: »Ich statuiere mit Kant nicht mehr als zwei Kategorien unseres Denkvermögens, nämlich Zaum und Reit – ich wollte sagen Raut und Zeim.«

Einen solchen Galletti erlebt zu haben, d. h. ein Original der Pädagogik, ist vielleicht nicht jedem Schüler vergönnt gewesen. Und doch gehört es noch heute zu den großen Wonnen jeder Schülergeneration, ihren Lehrern »aufs Maul zu schauen« und penibel die Versprecher und ungewollten »Weisheiten« zu notieren, die im Laufe des langen Lehrerlebens – oder wohl besser, des unendlich längeren Schülervormittags! – zu vermerken waren.

Will man ein ganz anderes Kapitel der Schulgeschichte aufschlagen, so blättere man in jenen Erinnerungen, wo die Verfasser von Autobiographien liebevoll ihrer Lehrer gedacht haben und versuchten, auch ihnen gerecht zu werden. Dies fällt freilich schwer, denn dem Berufsstand hängt das Odium einer prügelsüchtigen Vergangenheit an. Müssen heute angehende Pädagogen als erste Amtshandlung schriftlich versichern, sich stets und immer der Prügel zu enthalten, so hat diese doch zu den Strafen gehört, an die sich nahezu alle Schüler früherer Generationen erinnern:

»Der pädagogische Vollstrecker faßte Delinquenten mit der linken Hand beim Haarschopf und brachte den Kopf zwischen die Schenkel . . ., wo er ihn an Nacken und Ohren festklemmte und eben mit dieser linken Hand schnell den Hosengurt des kleinen Sünders ergriff, woraus eine Art von Schweben entstand; sodann bearbeitete er mit der Rechten, in welcher der Haselstock war, das Örtchen, auf welchem man sonst ruhig sitzen soll . . .«

So heißt es bei dem heute wenig bekannten Zeitgenossen Goethes, Johann Gottfried Seume, des Verfassers des berühmten Reisebuchs »Spaziergang nach Syrakus«. Der Ausdruck »Pauker« für Lehrer hat etwas mit dem Schlagen zu tun, da er aus dem Wort »pauken« für »drauflostrommeln« abgeleitet worden ist; ja, der »Pauker« selbst wird seit der Wende zum 18. Jahrhundert verwendet, gekürzt aus der wenig schmeichelhaften Form: »Hosenpauker« und »Arschpauker«.

Schülerstreiche gehören zum Salz der Erinnerungen an die Schule. Es würde Bände füllen, sie alle auch nur annähernd auszubreiten. Ihre Objekte, die Lehrer, bleiben indes unterschiedlich in den Erinnerungen verankert. Martin Gregor-Dellin hat in seinem schon erwähnten Werk auf einen besonderen Typus hingewiesen, der in der deutschen Literatur die Schulerinnerungen reflektiert: Es ist der Typus des »Sonderlings, Kauzes und Außenseiters«, kurz also des schon genannten »Originals«, das in diesem Zusammenhang die Erinnerungen bestimmt.

Wie treffend hat Thomas Mann in seinen »Buddenbrooks« die Galerie der Lehrer des kleinen Hanno dargestellt! Und wem wären nicht die Käuze aus Heinrich Spoerls »Feuerzangenbowle« im Gedächtnis, die den »Schölern« nur einen »wenzigen Schlock« des alkoholstarken Heidelbeerweins gönnten!

Hat man sich durch die infolge ihrer Auffälligkeit und manchmal auch Absonderlichkeit besonders eindrückliche Galerie dieser Lehrergestalten hindurchgearbeitet, mag man wohl ganz anderen Persönlichkeiten begegnen, die ihre Zöglinge geformt haben und ihnen ein überzeugendes Vorbild waren; Lehrer, die durch ihre nicht angemaßte Autorität überzeugten und die ihren Schülern aufgrund ihrer umfassenden Kenntnisse und ihrer vorbildhaften Lebensführung im Gedächtnis blieben.

Um solche Lehrer kennenzulernen, bedarf es des Blickes in weniger bekannte Sammlungen von Erinnerungen. In einer solchen findet sich die Erinnerung an eine Erzieherpersönlichkeit, die jedem deutschen Schüler freilich in ganz anderem Kontext begegnet ist. Es handelt sich um den Schöpfer der korrekten deutschen Orthographie, den Gymnasiallehrer und -direktor Konrad Duden (1829–1911), den mancher Schüler insgeheim wegen der durch ihn festgeschriebenen vertrackten Regeln der deutschen Rechtschreibung kennen müßte. Sein »Vollständiges orthographisches Wörterbuch der deutschen Sprache« aus dem Jahre 1880, das seine Nachfolger fortführten, ist das wichtigste deutsche Rechtschreibebuch. An ihm orientiert man sich noch heute in Zweifelsfällen.

Dieser Konrad Duden wird von einem seiner Schüler wie folgt beschrieben: »Alle, die Konrad Duden als Lehrer, Schulleiter und als Mensch im Privatleben kannten, werden sich darüber einig sein, daß er schon rein äußerlich etwas Besonderes, Eigenartiges, Imponierendes an sich hatte, und daß von ihm ein Fluidum ausging, das sich einem jeden bewußt oder unbewußt auf die Seele legte . . .

Sein Auge blickte scharf, beobachtend, doch gleichzeitig gütig, seine durchgeistigten Mienen waren ernst und streng, doch wiederum auch sanft und drückten gegebenenfalls Freundlichkeit, Ermunterung, Humor, jedoch auch Ironie und Abscheu in unverkennbarer Deutlichkeit aus. [. . .] Alles in allem eine durchaus eindrucksvolle, eigenartige, individuell harmonisch getönte und ausgeglichene Erscheinung [. . .]«

Diese Beschreibung eines Gymnasiallehrers der Jahrhundertwende scheint hier nötig als Gegengewicht zu den zahlreichen Darstellungen, in denen nur eine Betrachtungsweise wie diese vorzuherrschen scheint: ». . . Unsere Lehrer . . . waren weder gut noch böse, keine Tyrannen . . ., sondern arme Teufel, die sklavisch an das Schema . . . gebunden waren.« (Stefan Zweig)

Im Schulwesens des 20. Jahrhunderts haben sich natürlich

tiefgreifende Wandlungen vollzogen; die Ansätze unterschiedlichster reformpädagogischer Bemühungen haben auch für das Lehrerbild und auch das Selbstverständnis der Lehrer tiefe Spuren hinterlassen.

Was die Lehrer in Ihrer eigenen Autobiographie angeht, sollten Sie den »Lesern« ein möglichst realistisches und anschauliches Bild vermitteln. Sind es die Enkel, werden sie gerade diese Erinnerungsteile mit besonderem Interesse lesen, weil ihnen einerseits die Persönlichkeit des Verfassers als Schüler in anderen Zeitumständen gezeigt wird, sie selbst aber in der Schule von heute oder später die Ähnlichkeiten und Unterschiede selbst am besten feststellen können.

Über der umfangreichen Darstellung der Schule selbst und der Lehrer vergessen wir natürlich nicht, daß es die Klassenkameraden und Freunde sind, die »Leidensgenossen« und Begleiter Ihres Weges durch die verschiedenen Klassen und wohl auch die verschiedenen Stufen und Formen des Schulsystems, von denen bisher hier gar keine Rede war.

Es versteht sich daher beinah von selbst, daß an sie in diesem Schulkapitel der Lebensgeschichte erinnert werden soll. Was man mit ihnen auf der Schulbank erlebt hat, was man an ihnen in Zeiten der Nöte und Probleme hatte, wie man sich mit ihnen solidarisierte, um die Schule bestehen zu können – diese Punkte müssen an dieser Stelle aufgenommen werden.

Bei einer Erzählung über die Klassenkameraden kann man natürlich auch leicht an die verschiedenen Schulfächer anknüpfen. Dieses gibt eine weitere Möglichkeit: nämlich über die Art der Schule zu berichten, die man besucht hat. Damit ist neben der eigentlichen Schulform auch das Unterrichtsangebot gemeint. Die unterschiedlichen Formen reflektieren in der heutigen Zeit, die mehr von Nivellierungen geprägt ist, eine Vielfalt, die für spätere Generationen von Interesse ist.

So kann man bei dem Dramatiker Carl Zuckmayer eine große Laudatio auf sein humanistisches Gymnasium nachlesen, das er in Mainz besucht hat. »Konstruktion, Bau und Klarheit einer Sprache« zu lernen, habe gerade das Studium der »toten« Sprachen Latein und Griechisch vermittelt.

Eine Erzählung von den Schulfächern und den Stoffgebieten muß nicht trocken sein; man kann sie mit den Schilderungen von Lehrern und Mitschülern verbinden, man kann von ihnen als besonders die Persönlichkeit formenden Grundeinsichten und Bildungserlebnissen sprechen.

Einem Vorurteil sollte man hier schon vorbeugen: Natürlich kann sich niemand an die Fülle der Stoffe in den zahllosen Unterrichtsstunden erinnern; von vielem wissen wir nicht mal mehr, daß wir es gerade in der Schule gelernt haben. Es geht daher auch nicht um zu umfängliche Darlegungen, sondern nur um die prägenden Eindrücke, die besonderen Bildungserlebnisse und die traurigen und heiteren Geschichten aus dem Schulalltag. Wollen Sie in Ihrer Lebensgeschichte hier noch ein besonderes Gewicht auf Begleitumstände legen, die Sie für zeittypisch halten, so sollten Sie das anhand von konkreten Dingen tun. Vielleicht erläutern Sie einmal den Aufbau eines früheren Zeugnisses, das Sie erhalten haben. Schon daran sind häufig markante Unterschiede zu heute zu entdecken. So gibt es seit einigen Jahren keine sogenannten »Kopfnoten« mehr (Führung, häuslicher Fleiß, etc.). Auch die Bezeichnungen mancher Schulfächer haben sich deutlich verändert und geben Aufschluß über frühere Besonderheiten. Hier wäre auch an die besondere Rolle von Versetzungen im schulischen Leben zu erinnern.

Von Interesse ist mit Sicherheit, was früher an »Lektüren« gelesen wurde. Auch die Verlage, denen diese Werke entstammten, werfen ein Licht auf die Schulzeit. Natürlich sollte man selbst entscheiden, ob hier schon über persönliche Liebhabereien im Bereich der Bildung etwas berichtet wird oder ob das auf das nächste Kapitel verschoben werden soll.

Alle diese Erinnerungen können mit sehr konkreten Gegenständen verbunden werden. Wie schrieb man, welche Schrift erlernte man, welche Geräte wurden benutzt? Und nicht zuletzt: Schule hat sehr viel zu tun mit dem Erlebnis von Zeit. »Müde krochen die Minuten hin«: wenn ich nur wüßte, woher dieser Satz über das Zeitempfinden in der Schule stammt! Andererseits ist jedem geläufig, daß manche Schulstunde »wie im Flug« vorbeiging. Sollten Sie also noch davon etwas wissen, gehört es unbedingt in diesen Bereich der Erinnerungen, und es ist von großem Reiz zu lesen, wieviel Zeit, Sitzfleisch und Hartnäckigkeit frühere Generationen aufwenden mußten, um ihr tägliches und wöchentliches Pensum für die Schule zu absolvieren!

Viele Jahre verbringt der junge Mensch in der Schule und insgesamt im Ausbildungssystem. Es ist daher wohl gerechtfertigt, daß hier der bisherige Kapitelumfang gesprengt wurde. Legten wir am Anfang aber sehr viel Wert auf die Erinnerungen an den Beginn, so leuchtet ein, daß auch das Ende der Schule einen gebührenden Raum in den Erinnerungen enthalten soll.

Wie stark dieser letzte Tag, der Abschied von der Schule beflügelt, wird häufig geschildert. Für Stefan Zweig war der »einzig wirklich beschwingte Glücksmoment, den ich der Schule zu danken habe, . . . der Tag, da ich ihre Tür für immer hinter mir zuschlug«. So muß es natürlich nicht jedem gehen. Doch hat die Erinnerung an Stumpfsinn und Monotonie vorgeherrscht, bleibt wohl aus Gründen der Ehrlichkeit nichts anderes zu sagen übrig.

Die Erzählung vom letzten Schultag kann auch mit einer

Schilderung von der letzten Prüfung, der Abschiedsfeier, den dort geübten Bräuchen, den Erlebnissen im Elternhaus, den Reaktionen des Kreises der Verwandten, Freunde und Bekannten angereichert werden. Wenn Sie sich noch erinnern, sollten Sie auch Ihre damals gehegten Zukunftspläne nicht vergessen...

Fragen

- ☐ Wann und wo wurden Sie eingeschult?
- ☐ Wie hieß die Schule?
- ☐ Wieviele Schulen haben Sie insgesamt besucht?
- ☐ An welche Übergänge knüpfen Sie besondere Erinnerungen?
- ☐ Wann haben Sie die Schule verlassen?
- ☐ Welche Abschlüsse haben Sie in der Schule erworben?
- ☐ Welche Erinnerungen haben Sie an den ersten Schultag?
- ☐ Sind Ihnen Details noch im Gedächtnis (Kleidung, Aussehen des Schulgebäudes, Ihr Ranzen, Schultüte, Begleitpersonen)?
- ☐ Wie hieß Ihr erster Lehrer/erste Lehrerin?
- ☐ Welchen Eindruck gewannen Sie von ihm/ihr?
- ☐ Was war das Auffälligste?
- ☐ Was mußten Sie am ersten Tag in der Schule tun?
- ☐ Wie lange haben Sie diese Schule besucht?
- ☐ Erinnern Sie sich noch an Klassenkameraden?
- ☐ Hatten manche besondere Schicksale?
- ☐ Haben Sie noch Verbindungen mit Ihnen heute?
- ☐ Wie lang war der tägliche Schulweg?
- ☐ Was konnte man auf dem Schulweg erleben?
- ☐ Wer ging mit Ihnen?
- ☐ Welche Fächer liebten Sie in dieser ersten Schule?

- [ ] Mit welchen Geräten lernten Sie schreiben?
- [ ] Wie hieß die nächste Schule, die Sie besuchten?
- [ ] Was war anders als bisher?
- [ ] Welche Lehrer fielen Ihnen besonders auf?
- [ ] Welches innere Verhältnis haben Sie zu dieser weiterführenden Schule entwickelt?
- [ ] Gab es besondere Lieblingsfächer?
- [ ] Welchen Ruf genoß die Schule?
- [ ] Hatten Sie auf dieser Schule besondere Erfolge zu verzeichnen?
- [ ] Welche Schwächen, welche besonderen Stärken konnten Sie bei sich entdecken?
- [ ] Welche Freundschaften haben sich entwickelt?
- [ ] Hatten Sie auch Feinde? Nebenbuhler? Neider?
- [ ] Unternahm man mit der Klasse Ausflüge, gemeinsame Fahrten?
- [ ] Erinnern Sie sich an Streiche?
- [ ] Welches war das einschneidendste Erlebnis auf der Schule?
- [ ] Wie wurde der Abschluß Ihrer Schulzeit gestaltet?
- [ ] Welche Vorstellungen hatten Sie von der Zukunft?

Jugendjahre und Freunde

Junge Liebe – Goethe, Heine – Kein einheitliches
Muster – Bedeutung der Freundschaft – Schritte in
die Selbständigkeit – Reisen – Besuche bei
Verwandten – Theater, Dichtung, Sport als
Beispiele – Veränderungen in der Familie –
Gestaltungsvorschlag – Freunde für's Leben –
Lebensgeschichten der Freunde – Fragen

»Hoch, schlank, lieb lächelnd, mit unwahrschein-
lich blauen Augen und breiten, tiefdunklen Brau-
enbogen, die das langwimprig beschattete Augen-
blau noch unwahrscheinlicher machten, so stand
sie vor mir und reichte mir unwürdigem Nichts, mir
dummen, krummen Letzten der Tertia, eine kame-
radschaftlich zugreifende Hand. Sie – mir! Sie, der
schon die Primaner nachliefen!«

Hermann Sudermann,
Das Bilderbuch meiner Jugend

Solche Grunderlebnisse der jungen Liebe finden sich häufig
in autobiographischen Schriften. »Die Gestalt dieses Mädchens verfolgte mich von dem Augenblick an auf allen Wegen und Stegen; es war der erste bleibende Eindruck, den
ein weibliches Wesen auf mich gemacht hatte,« erinnert sich
Goethe an die erste Begegnung mit einem »Gretchen«, die
er in »Dichtung und Wahrheit« beschreibt. Der überwälti-
gende Eindruck, für den Sudermann zweimal das Wort »unwahrscheinlich« verwendet, hat bei Goethe seine Entspre-
chung, wenn er von der »unglaublichen Schönheit« dieses
Mädchens spricht.

Heinrich Heine steuert in seinen »Memoiren« ebenfalls ein solches Treffen bei; das »rote Sefchen«, die rothaarige Josepha, wird indes auch leicht ironisch gekennzeichnet: Josepha lernt Heine bei einer alten Frau kennen. »Sie hatte nämlich eine Nichte, welche ebenfalls kaum sechzehn Jahre alt war, aber plötzlich aufgeschossen zu einer hohen schlanken Gestalt, viel älter zu sein schien. Das plötzliche Wachstum war auch schuld, daß sie äußerst mager war. Sie hatte jene enge Taille, welche wir bei den Quateronen in Westindien bemerken, und da sie kein Korsett und kein Dutzend Unterröcke trug, so glich ihre enganliegende Kleidung dem nassen Gewand einer Statue. Keine marmorne Statue konnte freilich mit ihr an Schönheit wetteifern, da sie das Leben selbst und jede Bewegung die Rhythmen ihres Leibes, ich möchte sagen sogar die Musik ihrer Seele offenbarte.«

Mit Absicht beginnen wir das Kapitel über die Eindrücke von der Jugend mit der stürmischen Macht der ersten Liebe des jungen Menschen. Da dieses Buch von einem Verfasser und nicht von einer Verfasserin stammt, sei die männlich geprägte Auswahl der Zitate auch von weiblichen Leserinnen verziehen.

Im allgemeinen ist dieser Teil der Lebensgeschichte, der die Jugendjahre darstellen soll, von sehr diffusen und unterschiedlichen Eindrücken geprägt. Das eher vergleichbare Kindheits- und Schulmuster in den Lebensgeschichten beginnt sich aufzulösen, die werdende Individualität macht sich bemerkbar. Es ist hier also nicht so ganz leicht, nachvollziehbare Ratschläge zu geben, da sich die Vielfalt der Lebensschicksale abzuzeichnen beginnt.

Natürlich prägen auch hier noch Schule oder Berufsausbildung den Tageslauf und den Ablauf des Jahres. Viele Autobiographien spiegeln aber, wie der junge Mensch sich zunehmend von Schule und Elternhaus freimacht und beginnt, eigene Wege zu gehen und einen für Eltern und Lehrer unzugänglichen Erlebnisraum zu schaffen.

Neben dem Erlebnis der ersten Liebe ist hier an erster Stelle die Freundschaft zu nennen. Freund oder Freundin können nicht nur enge Vertraute, sie mögen zuweilen auch, als starke Persönlichkeit, Vorbild sein, ein Mensch, dem man nacheifert, der dem Erzähler selbst immer um einen Schritt voraus ist, der Anführer ist – und sei es auch nur bei wüsten (Knaben-)Streichen. Katzenmord, Einbruch, Entzweischmeißen von Gaslaternen: Solche Heldentaten gesteht Sudermann, der hier schon mehrfach mit seiner Autobiographie zitiert wurde, 50 Jahre nach deren Verübung im ostpreußischen Elbing ein.

In die Jugendjahre fallen auch die ersten Schritte in ein selbständigeres Leben. So sind es zuweilen Reisen, die der junge Mensch allein unternehmen darf, bei denen er Verwandte besucht, bei denen sich ihm alte Sehnsüchte erfüllen. Ina Seidel schreibt in ihrer Autobiographie »Lebensbericht« ganz enthusiastisch davon, wie sie zum ersten Mal an die Ostsee kam und »das Meer!« sehen durfte.

In diesem Zusammenhang ist natürlich daran zu erinnern, welchen Stellenwert Reisen immer hatten, gleichgültig, ob sie uns heute nun wie etwas Normales erscheinen oder ob sie in vergangenen Tagen die Ausnahmen bildeten.

Es ist ein sehr beglückendes Erlebnis für Heranwachsende, solche Reisen zum ersten Mal ohne Begleit-, d. h. Aufsichtspersonen machen zu dürfen. Bei Verwandten werden in den Gesprächen mit den Älteren, aber auch mit den gleichaltrigen Vettern und Cousinen neue Wertmaßstäbe für die eigene Persönlichkeit sichtbar. Dankbar erinnert sich so mancher, wie in einem anderen Lebenskreis als dem Elternhaus das Selbstwertgefühl stark wachsen konnte.

Zum engeren Leben im vertrauten häuslichen Kreis und der Schule während der Jugendjahre können nun auch besondere neue Liebhabereien und andere Interessen gehören, die man jetzt entdeckt und die man vielleicht ausübt, vielleicht verschweigt. Welche großen Träume von einer besonderen Zukunft werden in diesen Jahren geboren und in der Phantasie ausgelebt!

Das kann die Dichtung sein, eine frisch entflammte Begeisterung für das Theater (oder von ferne für die schöne Bühnenheldin); es können sportliche Interessen sein, oder wie es in einer Lebensgeschichte heißt, die »Zirkustollheit«.

Zur nichtschulischen Ausbildung, aber unbedingt zum Werden der Persönlichkeit im gesellschaftlichen Leben gehört der Besuch eines Instituts, in dem sich die männliche und weibliche Jugend eher verschämt als freiwillig trifft: die Tanzstunde. Ihrer oder auch des Tanzunterrichts zu gedenken, sollte in der Lebensgeschichte nicht unterlassen werden.

Von großer Bedeutung in dieser Lebensphase können auch Veränderungen in der Familie sein. So endet die Kindheit für Ina Seidel mit dem Selbstmord des Vaters, der sich wegen ungerechtfertigter Verleumdungen umbrachte. Der Tod der Mutter und die Wiederverheiratung des ältlichen Vaters bilden ein zentrales Kapitel in den Jugenderinnerungen der österreichischen Erzählerin Marie von Ebner-Eschenbach.

In einer solchen Situation, in der aus unbeschwerten Kindern unversehens nachdenkliche junge Menschen werden, setzt das Nachdenken über die eigene Lage besonders ein.

Um zu einer Art Muster zu gelangen, an dem sich der Leser orientieren kann, wenn ihm die Erinnerungen zu kunterbunt durcheinandergehen, wird hier ein leicht gangbarer Weg vorgeschlagen, bei dem der Verfasser sich allerdings klar darüber ist, daß individuelle Abweichungen wohl eher die Norm als die Ausnahme sein werden.

Die Jugenderinnerungen können aufgebaut werden:

☐ Die wesentlichsten Eindrücke und Erzählungen gehören an den Anfang.

☐ Daran anschließen sollten sich Erinnerungen an regelmäßig wiederkehrende, das Leben strukturierende Ereignisse (z. B. die Ferien).

☐ In einem dritten Teil sollte von Liebhabereien, Plänen für späteren, familiären und schulischen Ereignissen gesprochen werden.

☐ Ein Teil – man plaziere ihn je nach der ihm eingeräumten Wichtigkeit! – soll die Erinnerungen an Freundinnen und Freunde, an die »Herzenangelegenheiten« beinhalten.

Mit Hilfe dieses groben Rasters können die Jugenderinnerungen aufbereitet werden. Bei ihnen ist am wichtigsten, daß Sie Gewicht legen auf die formenden Eindrücke, die in dieser Lebensphase auf Sie eingewirkt haben. Auseinandersetzungen mit Ideen, Erinnerungen an unvergeßliche Streitgespräche auf Fahrten, bei Reisen mit Gleichaltrigen, das Beglückende und oft auch Enttäuschende von jugendlichen Freundschaften gehört in diesen Abschnitt der Lebensgeschichte.

Erinnerungen an die Freunde und Gefährten aus der Jugendzeit bleiben meist intensiv im Gedächtnis. Nicht immer weiß man später, was die Begleiter der eigenen Jugend später im Leben getan haben. Hat man aber mit ihnen Kontakt gehalten und hat sich eine die frühe Lebenszeit überdauernde Freundschaft gebildet, so gehört zumindest eine Erwähnung davon in die Lebensgeschichte hinein.

Von Belang ist außerdem, etwas von den Lebensgeschichten dieser Freunde und Freundinnen zu berichten, wenn man Kenntnis davon hat. Mit Sicherheit interessiert es, wenn man Prominente von später als junge Menschen im eigenen Freundeskreis hatte.

Bei aller Unterschiedlichkeit der individuellen Lebensschicksale gilt als Faustregel für diesen Lebensabschnitt aber: Schreiben Sie so, daß der Leser nachvollziehen kann, was für das spätere Leben in jener Phase von richtungsgebender Bedeutung war.

Und daher darf Hermann Sudermann auch dieses Kapitel abschließen. Der spätere Dramatiker dankt seine Berufung einer Rauferei mit einem Klassenkameraden: »Bald darauf geschah mir ein Unglück, dem ich das Glück meines Lebens, Bildung, Aufstieg, Dichtertum, alles verdanke. Ich wurde von einem älteren und stärkeren Mitschüler . . . mit dem linken Knie gegen die Klassentür geschleudert und trug eine tiefe Wunde davon, die mich wochenlang ans Bett und dann noch ans Zimmer fesselte.« Hieraus leitet der ostpreußische Dichter eine innere Besinnung ab, auf dem Bett zum Liegen gezwungen, muß er in die Phantasie fliehen – kurz, er entdeckt als Knabe den Geist.

Fragen

☐ An welche Eindrücke oder Geschichten aus Ihrer Jugendzeit können Sie sich am besten erinnern?

☐ Wer waren Ihre Freunde? Ihre Freundinnen?

☐ Wollen Sie etwas von Ihrer »ersten Liebe« erzählen?

☐ Wann durften Sie zum ersten Mal allein verreisen?

☐ Verbrachten Sie sonst die Ferien mit den Eltern, bei Verwandten, mit den Geschwistern?

☐ Verübten Sie gerne Streiche mit Ihren Freunden?

☐ Charakterisieren Sie sich selbst in dieser Lebensphase!

☐ Welche Erwartungen von der Zukunft hatten Sie damals?

☐ Wie beurteilen Sie heute diese Pläne?

☐ Haben sich Ihnen Menschen in dieser Zeit als Vorbilder eingeprägt?

☐ Haben Sie eine Erinnerung daran, wie Sie sich körperlich verändert haben?

☐ Welche Art von Empfindungen hatten Sie in diesem pubertären Stadium?

☐ Welche Bedeutung gewann die Schule jetzt für sie?

☐ Was war Ihnen in der Zeit am wichtigsten?

Ausbildung

Ausbildungsprobleme nach 1945 – Exemplarische Einsichten – Lebenslauf einer Berliner Angestellten – Umstände der Berufswahl – Neigungen, Pflichten, Tradition – Vorbildhafte Menschen – Wohnortwechsel – Vorstellungen vom späteren Beruf – Ausbildung damals und heute im Vergleich – Private Aktivitäten – Bedeutung der Freizeit – Das erste Geld – Militärdienst – Verbindungen zu politischen Gruppen

»*Dann hieß es, man kann wieder die höhere Handelsschule besuchen, wenn man zum Beispiel die mittlere Reife hat, kann man vier Semester zur Höheren Handelsschule gehen und dann vor der Industrie- und Handelskammer die Absolventenprüfung machen. Man war dann gleich kaufmännische Angestellte. Man brauchte keine drei Lehrjahre mehr zu machen. Und das hab' ich dann auch gemacht. In zwei Jahren intensiv noch Englisch und Französisch und Handelskorrespondenz gemacht... Man hat also die Schule verlassen mit dem Zeugnis in der Hand. Man war kaufmännische Angestellte...*«*

Hannelore König*

Die Verfasserin dieser Zeilen hat im strengen Sinne keine eigene Lebensgeschichte verfaßt. Ihre autobiographischen Aussagen stammen aus einem Buch, in dem sie gemeinsam mit vielen anderen Frauen die Jahre nach dem Ende des zweiten Weltkriegs in der Erinnerung wiedererstehen läßt.

In langen Interviews entstanden Lebensbilder alleinstehender Frauen aus den dunkelsten Stunden Deutschlands, der Jahre nach 1945, ihrer Schwierigkeiten und Probleme, der Nöte mit dem Überleben und den Sorgen um eine richtige Ausbildung, wie sie hier im Motto des Kapitels artikuliert werden.

Diese bedeutsamen Zeugnisse der deutschen Zeitgeschichte nach 1945 erscheinen an dieser Stelle beleuchtenswert, weil der Verfasser meint, daß die Ausbildungszeit vieler Leserinnen und Leser in diesen Zeitabschnitt gehört und somit auch ein Ausschnitt der damaligen Geschichte in diese Phase mit hineingehören kann.

An den Aufzeichnungen, die die oben genannte spätere Verkaufsleiterin einer Möbelfirma gemacht hat, lassen sich für den Aufbau der Erinnerungen an diese Lebensphase einige Besonderheiten herausheben, die sie für die Phase exemplarisch machen:

Hannelore König wuchs in einer Zeit schwerer äußerer Sorgen auf. Sie konnte zwar die Schule länger als manches andere junge Mädchen besuchen, hatte aber infolge der Zeitumstände ungeheure Schwierigkeiten, überhaupt an eine Ausbildungsstelle nach der Schulzeit zu kommen. So schlug man ihr auf dem Arbeitsamt vor, Putzmacherin zu werden – eine Arbeit, der sie selbst angesichts der allgemeinen Not wenig Erfolgsaussichten einräumte. Ein Schneider, bei dem sie sich als möglicher Lehrling vorstellte, wollte sie wegen ihrer zu »hohen« Schulbildung nicht haben. »Das war mein Ausflug ins Handwerk«. Später schlug sie den oben zitierten Lebensweg ein.

Zu verallgemeinern an diesem Einstieg in die Ausbildung sind also mehrere Fragen. So sollte notiert werden, unter welchen Umständen die Berufswahl erfolgt. Da sich die Ausbildungsphase schon sehr deutlich von der Schulzeit und den Jugendjahren durch die völlig anderen Anforderungen und den neuartigen Lebensrhythmus unterscheidet, ist es von hoher Bedeutung für die Einstellung zu der Tätigkeit, ob die Wahl des späteren Berufes aufgrund eigenen Interesses erfolgte, oder ob es die harte Not war, die – wie oben zitiert – den Weg in die Ausbildung vorzeichnete. Natürlich ist es klar, daß der Einfluß des Elternhauses nicht außer acht gelassen werden darf. Vielleicht waren es ja auch familiäre Traditionen, die den Berufsweg aufgezeigt haben.

Da sich hier schon Fragen für die spätere Karriere ergeben, ist es ebenfalls bedeutsam zu berichten, in welchem Maße die Ausbildung Gelegenheit bot, sich auszuzeichnen. Berichten Sie über die Menschen, von denen Sie in Ihrem Lebensweg in die Berufstätigkeit gefördert wurden, seien es Ausbilder, seien es ältere Kolleginnen und Kollegen, die dem Neuling beim Einstieg halfen.

Ein weiterer Punkt ist bedenkenswert: Häufig kann die Ausbildung nicht im Heimatort absolviert werden. Die oder der junge Auszubildende muß es auf sich nehmen, den vertrauten Rahmen des Elternhauses zu verlassen und unter zumeist finanziell eher beengten Verhältnissen sein Leben zu führen. Hier ist dann berichtenswert, wie diese Schwierigkeiten gemeistert werden konnten.

Neben diesen eher äußerlichen Punkten könnten Sie in Ihren Aufzeichnungen von dieser Phase darstellen, welche Erwartungen Sie in Ihren zukünftigen Beruf damals gesetzt haben. Manch einer macht einen »Lebensplan« oder stellt sich zumindest vor, wie seine berufliche Entwicklung verlaufen könnte. Eventuell erinnert man sich auch daran, daß so manche »Rosine«, die man im Kopf hatte, an den harten Realitäten zerplatzte. Der Mut, vielleicht auch die Naivität, womit man das spätere berufliche Leben anging, könnten hier notiert werden.

Da der Start in die Ausbildung und das spätere Berufsleben einen so deutlichen Einschnitt im Leben darstellt, werden in der Regel die Erinnerungen daran leicht zu aktivieren sein. Da es unmöglich ist, angesichts der Vielfalt der Ausbildungsgänge, der möglichen Wechsel, der jeweils spezifischen Bedingungen allgemein gültige Ratschläge zu erteilen, können hier natürlich nur einzelne Anregungen gegeben werden.

Vieles mag hier schon ähnlich sein wie in dem später ausgeübten Beruf. Daher ist es besser, die Veränderungen für das eigene Leben und die Lebensführung sowie die subjektiven Vorstellungen von der eigenen Zukunft zu notieren. Haben Sie Kenntnisse von dem heutigen Stand und den Bedingungen der Ausbildung in Ihrem Beruf heute, ist es dann wünschenswert, wenn durch eine genaue Darstellung die Verhältnisse von damals erläutert werden. Auch dieses ist dann ein Stück Historie unseres Jahrhunderts.

Vergessen Sie nicht, daß und wie jung Sie damals waren! Das heißt, daß Ihre privaten Erinnerungen an diese Zeit, an Ihren Bekannten- und Freundeskreis in der neuen Umgebung nicht unter den Tisch fallen sollten. Freizeitaktivitäten, seien es Wanderungen, Reisen, Kurzurlaube, sollten hier genau so angeführt werden wie etwa andere Bereiche der Zeit ohne Arbeit, in der die Erfahrung, freie Zeit zu haben, plötzlich eine ganz andere war, als man sich das auf der Schule träumen ließ.

Etwas ganz Wichtiges hätten wir hier fast vergessen: Diese Ausbildungszeit war ja auch die, in der man – wenn wohl auch nicht gerade viel – zum ersten Mal regelmäßig Geld verdiente, mit dem dann zu wirtschaften war. Berichten Sie also freimütig darüber, wieviel Sie nach Hause tragen durften, wie Sie damit zurechtkamen, wie Sie lernen mußten, Ihr Budget zu verwalten!

Für die männlichen Leser sei hier noch der Hinweis gestattet, daß in dieses Kapitel die Erinnerungen an die Militärzeit integriert werden können, die zwar nicht direkt zur

Ausbildung gehören muß, die aber für junge Männer in der Regel wichtige Lebenseinsichten vermittelt, die man hier einflechten kann.

In die Zeit dieser Neuorientierung während der Ausbildungsphase kann auch die Verbindung zu politischen Jugendgruppen, zu Parteien und ihren Nachwuchsorganisationen geknüpft worden sein. Welche politischen Grundeinstellungen, welche Erfahrungen Sie hier eventuell gewonnen haben, bereichert Ihre Aufzeichnungen mit Sicherheit.

Fragen

- ☐ Welchen Ausbildungsberuf haben Sie erlernt?
- ☐ Aus welchen Gründen haben Sie gerade diesen Beruf erlernt?
- ☐ War dies freiwillig? Folgten Sie Ihren Neigungen?
- ☐ Mußten Sie diesen Beruf erlernen, weil es in der Lebenssituation keine Alternative gab?
- ☐ Hat Ihr Beruf in Ihrer Familie Tradition?
- ☐ Lebten Sie während der Ausbildung zu Hause?
- ☐ In welche Stadt zogen Sie um?
- ☐ Wie hieß Ihr Status während der Ausbildung (Lehrling;...?)
- ☐ Wie lange dauerte die Ausbildung?
- ☐ Haben Sie die Ausbildung zu Ende geführt?
- ☐ Wie gut kümmerten sich Ihre Ausbilder um Sie?
- ☐ Wie empfanden Sie die Ausbildungszeit im Gegensatz zur Schulzeit und im Gegensatz zur späteren Berufstätigkeit?
- ☐ Auf welche Weise haben Sie sich auf die Prüfungen/den Abschluß vorbereitet?
- ☐ Wann und wo haben Sie die Ausbildung abgeschlossen?

- [ ] Ergaben sich hierbei besondere Komplikationen?
- [ ] Konnten Sie in Ihrem Beruf sofort weiterarbeiten?
- [ ] Welche Unterschiede gibt es heute in Ihrem Beruf bezüglich der Ausbildungsphase gegenüber Ihrer Zeit?
- [ ] Welche besonderen privaten Erlebnisse hatten Sie während Ihrer Ausbildungszeit?
- [ ] Welche Bedeutung gewann auf einmal die Freizeit?
- [ ] Wer gehörte zu Ihrem Bekannten- und Freundeskreis?
- [ ] Haben Sie heute noch mit manchen davon Kontakt?
- [ ] Welche Erlebnisse empfanden Sie als die beglückendsten?
- [ ] Wie kamen Sie mit Ihrem ersten selbstverdienten Geld aus?
- [ ] Wann absolvierten Sie Ihren Militärdienst?
- [ ] Waren Sie in dieser Zeit schon politisch aktiv?

Universität

Ein »elitärer« Standpunkt – Die heutige Universität
– Kontrastwirkungen – Wichtige Hauptpunkte –
Beginn des Studiums – Lebensgefühl – Früheres
studentisches Leben – Beispiel Universität Bonn –
Wahl des Studienfachs – Beispiel Medizin – Der
»Praxisschock« – Andere Fächer –
Freizeitaktivitäten – Verbindungen und Corps –
Äußere Daten des Studiums

*»Nach mühsam bestandener Schlußprüfung...
beehrte uns... der Schuldirektor mit einer
schwungvollen Rede. Wir seien nun erwachsen und
sollten durch Fleiß und Tüchtigkeit unserem Vater-
land Ehre machen. Damit war eine achtjährige Ka-
meradschaft zersprengt, wenige meiner Gefährten
auf der Galeere habe ich seitdem wiedergesehen.
Die meisten von uns inskribierten sich an der Universität, und neidvoll blickten diejenigen nach, die
sich mit anderen Berufen und Beschäftigungen ab-
finden mußten.«*

Stefan Zweig,
Die Welt von gestern

Zugegeben: Aus heutiger Sicht nennt man diese Selbstein-
schätzung einen »elitären« Standpunkt. In ihm spiegelt sich
noch eine ganze Menge Überheblichkeit und Standesdün-
kel. Aus der Sicht unserer Tage, in denen das Bild der deutschen Universitäten geprägt ist vom Numerus clausus, den
überfüllten Hörsälen und Seminaren, mag ein solcher Beginn des Universitätsstudiums sehr anachronistisch erschei-

nen. In der deutschen Bildungslandschaft hat sich in den letzten 30 Jahren die Zahl der Studenten versechsfacht, auf 10 000 Einwohner kamen 230 Studenten, in der Nachkriegszeit waren es lediglich 44.

Für die Lebenserinnerungen bieten diese einführenden Worte insofern einen reizvollen Kontrast, als die Erinnerungen an die Universitätsjahre sich unter völlig anderen Zeitumständen vollzogen haben dürften. In der eigenen Autobiographie ist daher mit der Schilderung dieser Zeit durchaus die Möglichkeit gegeben, ein genaues und lebensgetreues Bild der Universität früherer Jahre zu zeichnen. In diesen allgemeinen Rahmen sollen dann die eigenen, also privaten Erinnerungen eingefügt werden. Man kann – wie es übrigens eine ganze Reihe von Verfassern von Autobiographien tut – mit einer Zustandschilderung der damaligen Universitäten beginnen und durch den Vergleich mit heute die Unterschiede in den Bildungssystemen genau herausstellen. Dabei darf es natürlich nicht um eine romantisierende Darstellung gehen; den Vergleich mit heute brauchen die Universitäten von damals kaum zu scheuen.

Man bemerkt an dieser Stelle schon, daß nun die eher privaten Erinnerungen sehr viel stärker in den Bereich allgemeiner gesellschaftlicher Institutionen geraten; dem Studenten wird dies wesentlich stärker bewußt als dem Schüler. Für die Autobiographie heißt das, daß Zeitereignisse stärker in sie eindringen können. Damit wird die Grenze zu den Memoiren – s. das Schlußkapitel – eher fließend.

Als Verfasser der eigenen Lebensgeschichte gehe man hier pragmatisch vor und erläutere möglichst genau, was
☐ die Studienwahl des Faches bestimmt hat;
☐ was für die Wahl der einen Universität oder mehrerer gesprochen hat;
☐ welche Lebensumstände in den Universitätsstädten anzutreffen waren

☐ und welche außerstudentischen Aktivitäten das Leben bereichert haben.

Damit aber der Einstieg in diese Zeit des »ernsten Strebens« nicht allzu trocken gerät, erinnern Sie sich an den Beginn der Universitätsjahre. Das soll bedeuten, daß das damals empfundene Lebensgefühl, nun endlich frei zu sein, sich von den Fesseln der Schule gelöst zu haben, in einer anderen Stadt zu wohnen und dort sein Leben als Student oder Studentin nach eigenem Gusto führen zu dürfen, nicht übersehen werden sollte.

Vielleicht war dieses Gefühl früher noch viel stärker, weil die einengenden Bindungen als schärfer empfunden wurden? »Es war zu schön zum Studieren«, schreibt Carl Ludwig Schleich in seinen Lebenserinnerungen über diese Zeit. Idyllisches 19. Jahrhundert! Wie es Schleich beschrieb: Überall standen die Studiosi vor der schwierigen Wahl zwischen den Hörsaalbänken und der meist reizvollen Umgebung, z. B. an der Bonner Universität. Ihrer haben viele gedacht und sich gerne an Sie erinnert, sehr prominente Deutsche von Heinrich Heine, über Karl Marx bis hin zu Friedrich Nietzsche.

Zurück zur eigenen Lebensgeschichte: Nach der Schilderung des Lebensgefühls bei Studienbeginn sollte die Wahl des Studienfaches dargestellt werden. Es interessiert sehr, welche Umstände dafür ausschlaggebend werden. Handelte es sich um eine Familientradition, fühlte man sich als Aufsteiger, unterschied man sich von dem Kreis der Eltern und Verwandten, war man vielleicht der erste Akademiker in der Familie, hatte man ein alles überragendes Interesse an dem Fach, entschied man sich für eine sichere Laufbahn mit überschaubarem Weg und klaren Abschlüssen sowie einer anschließenden Karriere?

Für die Erläuterung des studentischen Lernens gilt hier wie auch für die Schule wohl, daß sich nur manche besonderen Erlebnisse und überraschende Neuigkeiten dem Gedächtnis eingeprägt haben. Bei Carl Ludwig Schleich, dem späteren bekannten Arzt, war es vor allem der Zustand der »Anatomie«, also jener Stätten, an denen der angehende Mediziner den menschlichen Körper an Leichen kennenlernt.

»Übrigens muß ich gestehen, daß mir der Eintritt in die Vorhallen der medizinischen Wissenschaft einen geradezu schaurigen und abstoßenden Eindruck machte. Die Unsauberkeit im Anatomiesaal, das Herumliegen von zerschnittenen Verstorbenen, die Roheit der Wärter, welche die Leichen der Unseligen herbeischleppten, der üble Duft und die Wühlarbeit der Medizinmäuse in den bisher nie geschauten, nun enthüllt liegenden inneren Teilen, Schädel ohne Augen, spiegelnde Gehirne, zerschnittene Herzen – . . . das alles erfüllte mich mit tiefem Grauen.«

Es verwundert daher nicht, daß der angehende Mediziner angesichts dieses – modern ausgedrückt – »Praxisschocks« sofort das Studium abbrechen will. Vor allem auch die ihm als barbarische Unbarmherzigkeit vorkommende Methode, an lebenden Tieren Einsichten in physiologische Zusammenhänge im Hörsaal zu demonstrieren (»Enthauptung von sechs Fröschen mittels glatten Scherenschnittes . . . blitzartigen Hirnrückenmarkstich bei einigen armen gurrenden Tauben«), läßt die humanitären Aspekte bei der Wahl des Medizinstudiums völlig in den Hintergrund treten. In seiner Verzweiflung schreibt Schleich dem Vater, der ebenfalls Arzt war, und nur dessen beruhigende Erläuterungen können die Zweifel besiegen.

Eine solche Krise zu Beginn des Studiums ist mit hoher Wahrscheinlichkeit für die späteren Leser bedeutsam, da sie die menschliche Seite, die Zweifel und Nöte zeigen, die den jungen Menschen während dieser Lebensphase notwendig begleiten. Die Auseinandersetzung mit welchen Stoffen auch immer, sei es in der Humanmedizin, der Theologie, der Chemie und auch anderen Studienfächern, selbst der Philologie, führt häufig zu Krisen in der Lebensbewältigung und sollte daher als starkes persönlichkeitsbildendes Moment nicht unterschlagen werden.

Mit der Wahl des Faches hängt häufig auch die der Universitätsstadt zusammen. Ihr sollten in der Lebensgeschichte auch einige Passagen gewidmet werden. Wenn von der Wahl des Faches und der des Ortes gesprochen wurde, kann sich daran eine Schilderung des Lehrbetriebes anschließen. Hier ist vor allem auf das Verhältnis zu den Professoren einzugehen; nützlich ist es auch, deren akademische oder öffentliche Reputation darzustellen.

Nach diesen Berichten sind wir bereits beim Freizeitaspekt des studentischen Lebens. Vorher noch eins: Hat man mehrere Universitäten besucht, sollte man diese Wechsel zwar erwähnen, sich aber auf die wichtigste Zeit konzentrieren.

Zum Bild früherer Universitätsstädte gehörten sie natürlich dazu, die studentischen Verbindungen, Corps, Burschenschaften, landsmannschaftlichen Vereinigungen, um hier nur die wichtigsten zu nennen. Hat man einer solchen angehört, muß dieses in die Lebensgeschichte aufgenommen werden, da Lebensformen und Bräuche, das »Prestige« des Studenten vielfach davon abhingen. Solche Bräuche feimütig zu schildern, bereichert in jedem Fall die lebensgeschichtliche Darstellung.

Über der Erzählung dieser nur äußerlich mit dem Studium verbundenen Umstände darf aber in diesem Kapitel das ganz Konkrete nicht vergessen werden; dazu dienen auch hier die Fragen am Ende des Kapitels.

Fragen

- ☐ Welche Universität/welche Universitäten haben Sie besucht?
- ☐ Welches Fach/welche Fächer haben Sie studiert?
- ☐ Von wann bis wann haben Sie studiert?
- ☐ Gab es während des Studiums Unterbrechungen?
- ☐ Welche Gründe hatten Sie, gerade dieses Fach/diese Fächer zu studieren?
- ☐ Haben Sie das Studienfach gewechselt? Wenn, warum?
- ☐ In welchem Fach haben Sie den endgültigen Abschluß gemacht?
- ☐ Welchen Abschluß haben Sie? Haben Sie einen akademischen Grad erworben?
- ☐ In welchen Städten haben Sie studiert?
- ☐ Erinnern Sie sich noch an Ihre »Buden«?
- ☐ Wodurch waren die Universitätsstädte charakterisiert?
- ☐ Lebten die Studenten eher für sich, oder wie war das Verhältnis zur Bevölkerung?
- ☐ An welche besonderen Eindrücke aus der Umgebung erinnern Sie sich?
- ☐ Welche Erinnerungen an die Durchführung Ihres Studiums haben Sie?
- ☐ Welche Professoren haben Ihnen besonders viel gegeben?
- ☐ Welche Bedeutung hatten die Professoren, bei denen Sie studiert haben?
- ☐ Gestalteten Sie während des Studiums Ihre Freizeit selbst, oder gehörten Sie einer Verbindung oder einer Organisation an?
- ☐ Was halten Sie im Rückblick für die Höhepunkte Ihres studentischen Lebens?

☐ Haben sich noch Freundschaften aus dieser Zeit erhalten?

☐ Hatten Sie später berühmte Leute als Kommilitonen?

Berufstätigkeit

Autobiographie und Memoiren – Das Arbeitsleben
– Erwartungen und Realität – Stationen der
Lebensgeschichte – Memoiren Carlo Schmids als
Beispiel – Systematik – Probleme – Äußere Daten –
Lebensziel – Tips – Ein Arbeitstag – Höhen und
Tiefen im Arbeitsleben – Krisenbewältigung –
Eigene Sicht der politischen und gesellschaftlichen
Verhältnisse – Ratschläge – Fragen

>*»Die Justiz hatte damals Einstellungssperre und
verwies mich darauf, zunächst als Rechtsanwalt zu
beginnen; nach einem Jahr werde man mich zum
Amtsrichter in Tübingen machen. Ich assoziierte
mich mit einem Rechtsanwalt in Reutlingen und
fand mich zunächst durchaus nicht am Platz.«*
>
> *Carlo Schmid,*
> *Erinnerungen*

Sucht man nach einem geeigneten Beginn für dieses Kapitel,
so sollte man nicht in den bisher genannten Autobiographien nachschlagen. Nun ist es sehr viel sinnvoller, zu den
sogenannten »Memoiren« zu greifen. Der Grund liegt
darin, daß die Autobiographie sich häufig mehr mit persönlichen Erlebnissen beschäftigen darf, die »Memoiren« hingegen in der Regel mehr auf das »äußere« Leben konzentriert sind. Daher rührt es, daß viele Autobiographien besonders viel Raum für die Erzählung von Kindheit und Jugend verwenden. Beispiel: Die Erinnerungen der berühmten Publizistin Margret Boveri »Verzweigungen« heißen
zwar im Untertitel »Eine Autobiographie«, sind das aber

nur bis zur Mitte des umfangreichen Buches. Dann wandeln sie sich zu »Memoiren«, und erst dann wird auch mehr von der beruflichen Tätigkeit der weltbekannten politischen Journalistin und Schriftstellerin (»Der Verrat im 20. Jahrhundert«, erschienen 1956–1960) berichtet.

Einen Einstieg in die Schilderung des beruflichen Lebens finden Sie im Motto zu diesem Kapitel. Wer bemerkte nicht die ironische Haltung Schmids? Was hier der langjährige Vizepräsident des Deutschen Bundestages für den Start seiner juristischen Karriere hervorhebt, könnte auch für die Autobiographie in diesem Kapitel ein wichtiger Ansatzpunkt sein: der Unterschied zwischen den Erwartungen bezüglich der Berufstätigkeit und der dann eintretenden Realität.

Diese Realität heißt für den soeben promovierten Dr. jur., daß er nun Rechtsvertreter in ihn wenig interessierenden Fällen sein muß. Diese Fälle haben sich dann auch kaum in den wenigen Absätzen über diese Lebensphase niedergeschlagen; statt dessen schildert der Sozialdemokrat in einer knappen Skizze die beiden unterschiedlichen Gruppen von Klienten, die er hatte, nämlich die »einfachen Leute« und die Fabrikanten. Daran schließt er auch keine Fallgeschichte an, sondern berichtet über die sozialen Verhältnisse dieser unterschiedlichen Schichten.

Ein Jahr währt diese Phase der Berufstätigkeit als Rechtsanwalt; dann kommt für ihn endlich die ersehnte Einstellung in den Justizdienst als Amtsrichter.

Folgt man den Memoiren weiter, so orientiert sich Schmid in der Erzählung der Lebensgeschichte an den weiteren Stationen der Berufstätigkeit, die ihn aus dem Justizdienst weg an eine große wissenschaftliche Institution führt, das Völkerrechtsinstitut in Berlin. Dort schafft er sich die Grundlagen für seine spätere Lehrtätigkeit; die Darstellung des Dritten Reichs und des Zweiten Weltkriegs nehmen dann einen umfangreichen Platz ein.

Der Neubeginn nach der Zerschlagung Hitler-Deutschlands ab 1945 wird mit einer persönlichen Befragung eingeleitet: »Ich war entschlossen, mich dem zu stellen, was mit der Zerschlagung Deutschlands auf unser Volk und auf jeden von uns zukommen mußte. Diese Bereitschaft war der Grund, weswegen ich in jenen Wochen versuchte, mir Klarheit über mich selbst zu verschaffen. Welche Faktoren ließen mich zu dem werden, als den ich mich heute zu erkennen glaubte, nämlich zu einem nach langem Reifeprozeß im Aufstieg zu Höhen und im Abstieg zu Tiefen endlich erwachsen gewordenen Menschen?«

Eine gründliche Musterung des Inneren beginnt und wird ausführlich dargestellt; Schmid zeigt exemplarisch die Grundlagen seines Denkens und Handelns als späterer Politiker. So kann man diese »Erinnerungen« in einen Memoirentypus einreihen, der die »Geschichte einer Berufung« genannt worden ist.

Fassen wir zunächst einmal aus systematischen Gründen zusammen: Der Darstellung der Ausbildungs- und Universitätsjahre folgt zunächst

☐ der Eintritt in den Beruf;
☐ erste Erfahrungen in dem neuen Metier;
☐ Nachdenken über die Erwartungen hinsichtlich des Berufs;
☐ Unterschiede dazu;
☐ Erläuterung des weiteren beruflichen Werdegangs.

Der Verfasser ist sich in diesem Kapitel einer möglichen Unzulänglichkeit bewußt, was genauere Ratschläge betrifft. Die in den Memoiren und Autobiographien gespiegelten Lebensläufe sind vom Moment der Berufsaufnahme zumeist so unterschiedlich, daß es nicht leichtfällt, hier die bewährte Methode, Erinnerungsanlässe zu schaffen, einzusetzen.

Die für jede berufliche Lebensgeschichte notwendigen

Daten des beruflichen Beginns, der Stationen der Karriere, der möglichen Berufswechsel und des Endes der Tätigkeit bilden den äußeren Rahmen. Hilfreich dabei können natürlich schriftliche Dokumente sein, die in Form von Zeugnissen und Beurteilungen zugänglich sind. Hier darf man sogar zitieren.

Neben diesen äußeren Daten gehören natürlich ausführlichere Passagen in dieses Kapitel hinein, über die jetzt zu sprechen ist. Ein guter Ausgangspunkt für die schriftliche Darstellung könnte eine Grundfrage sein: Wie sehe ich aus der Rückschau auf das berufliche Leben die persönliche Befriedigung aufgrund der geleisteten Tätigkeit an? Es ist also sinnvoll, im Rückblick darüber nachzudenken, welchen persönlichen Beitrag man selbst zu seiner Zeit geleistet hat. Eine solche Reflexion kann dazu verhelfen, die eher auf Darstellung äußerer Lebens- und Berufsverhältnisse gerichteten Abschnitte der Lebensgeschichte sinnvoll zu durchdringen.

Betrachtet man dieses Kapitel einmal aus der Sicht der Leser der Aufzeichnungen, so ergibt sich hier die Möglichkeit, Grundsätzliches über den Beruf oder das Berufsfeld mitzuteilen. Solche Kenntnisse müssen ja nicht unbedingt vorausgesetzt werden, auch wenn die Leser den Verfasser kennen. Berufe mögen zwar ein ähnliches Tätigkeitsfeld aufweisen, sie können in der Karrierefolge auch noch nach Generationen im Prinzip gleich geblieben sein: die konkrete Ausfüllung der jeweiligen Tätigkeit ist an das Individuum gebunden.

Welche bedeutenden Möglichkeiten für eine lebendige Erzählung ergeben sich in diesem Feld! Nicht nur, daß eigenes Erleben der Arbeit im gewählten Beruf beschrieben werden kann; außerdem ist es die Tätigkeit selbst und ihre Beziehung zur gesamten Gesellschaft, die von Bedeutung ist; hinzu kommen die im Laufe eines langen Berufslebens sich ergebenden Berührungen mit den Kollegen und Mitarbeitern; die Schilderung der Zeitverhältnisse, wie sie die Berufstätigkeit erzwang.

Neben diesen mehr allgemeinen Ausführungen einige für die Anschaulichkeit der Lebensgeschichte verwendbare Tips: Erzählen Sie von ganz konkreten und anschaulichen Dingen:

☐ der Weg zur Arbeitsstelle;

☐ die räumlichen Bedingungen für die Arbeit;

☐ Ihr Arbeitsplatz selbst.

Diese einzelnen Angaben können je nach der Wichtigkeit eingesetzt werden; eine besondere Möglichkeit wäre, einen ganzen typischen Arbeitstag in seinem Verlauf zu erzählen.

Auf diese Weise macht man seinen Lesern die besonderen Belastungen plausibel, denen man im Arbeitsleben ausgesetzt war. Auch die Darstellung der Arbeitszeit, ihre Länge, die Möglichkeiten der Unterbrechung sollten hier nicht fehlen. Wird das Kapitel so konkret erzählt, ist es für den späteren Leser leichter, sich ein Bild von Ihnen zu machen. Gerade hierin sind auch wegweisende und vorbildhafte Züge der erzählten Lebensgeschichte zu sehen.

Nach dieser beispielhaften Darstellung eines einzelnen, oder eines »typischen«, Arbeitstages sollten Sie auch nicht die Höhen und Tiefen aussparen, denen Sie sich im Laufe des langen Arbeitslebens gegenübersahen.

Es wäre mit Sicherheit falsch und vermessen, die Lebensgeschichte als eine ununterbrochene Kette von Erfolgen wiederzugeben. Man setzte sich dann dem peinlichen Vorwurf der Schönfärberei aus; Überzeugungskraft bezieht die Autobiographie aus der Ehrlichkeit, mit der das Leben dargestellt wird. Umgekehrt ist falsche Bescheidenheit aber auch nicht am Platz. Wohl kaum jemand wird seine Autobiographie schreiben wollen, wenn er sein Leben im Rückblick nur als Niederlagenserie auffaßt. Daß es aber mit Sicherheit auch Niederlagen, ja, wenn nicht sogar tiefste Existenzkrisen bezüglich der Berufswahl und der durchzuführenden Tätigkeiten gegeben hat, wird sicher niemand bestreiten wollen. Es ist daher für diesen Bereich notwendig, auch zu erzählen, wie man diese Krisen gemeistert hat, ob man es allein geschafft hat oder ob es Mitmenschen waren, die damals zur Seite standen. Jeglicher Rat, komme er von Kollegen, Verwandten oder Freunden, stamme er aus Büchern oder anderen beglückenden Erlebnissen, sollte hier aufgenommen werden.

Ist man zwar als Individuum der Berufstätigkeit ausgesetzt, so vollzieht sich diese doch nicht, ohne mit dem gesamten gesellschaftlichen Gefüge der Zeit eng verbunden zu sein. Unser Jahrhundert ist von gesellschaftlichen Umbrüchen, gewaltigen politischen Umstürzen, Kriegen und Krisen bestimmt worden, die den einzelnen unterschiedlich stark berührt haben, ihn herausforderten, Neuorientierungen erzwangen, viel Kraft und Mut bei der Bewältigung des Lebens und seiner Nöte und Sorgen abverlangten.

In ein Kapitel über die Lebensphasen des Erwachsenen, die wir hier unter der »Berufstätigkeit« zusammenfaßten, gehört also auch eine eigene Besinnung auf und Stellungnahme über die durchlebten Zeiten und ihre politischen und gesellschaftlichen Verhältnisse, die man als Zeitgenosse miterlebt hat. Hier wäre also der geeignete Platz, um die eigene Auffassung von den gesellschaftlichen und politischen Mächten darzulegen, denen man selbst, seine Familie und das eigene Volk ausgesetzt waren.

Damit bietet dieses Kapitel der Lebensgeschichte also nicht nur große Chancen, konkrete Lebenshilfen für kommende Generationen einzubringen, sondern auch seine persönliche Sicht der politischen, sozialen, kulturellen – kurz der gesellschaftlichen Verhältnisse aus eigener Betroffenheit heraus zu artikulieren. Wollen Sie Ihren Lesern solche

Einsichten, Erfahrungen, vielleicht auch Mahnungen und Warnungen hinterlassen, sollten Sie natürlich nicht den pädagogischen Zeigefinger zu betont in die Höhe recken, denn für die Leser gilt hier Goethes Wort aus »Tasso« zu Recht: »Man merkt die Absicht, und man ist verstimmt.«

Fragen

☐ Wann haben Sie nach der Ausbildung/der Universität die eigentliche Berufstätigkeit begonnen?

☐ In welchem Berufsfeld haben Sie gearbeitet?

☐ Wie hieß der Beruf genau?

☐ An welchen Orten haben Sie ihn ausgeübt?

☐ Sind Sie immer bei diesem Beruf geblieben?

☐ Wie hießen die anderen Berufe?

☐ Wo haben Sie nach dem jeweiligen Wechsel gearbeitet?

☐ Haben Sie die Bezahlung als angemessen empfunden?

☐ Wurden Sie für die Tätigkeit auf irgendeine Weise ausgezeichnet?

☐ Wann endete die Berufstätigkeit?

☐ Welchen Sinn – außer Geldverdienen – sehen Sie in der von Ihnen ausgeübten Tätigkeit?

☐ Würden Sie jungen Menschen raten, diesen Beruf zu ergreifen?

☐ Welche genauen Einzelheiten können Sie sich ins Gedächtnis zurückrufen?

☐ Wie war Ihr Arbeitsplatz beschaffen?

☐ Welche Umgebung hatte der Arbeitsplatz?

☐ Waren Sie mit ihm zufrieden?

☐ Schildern Sie einen typischen Arbeitstag!

☐ Welche besonderen Erfolge hatten Sie in Ihrem Berufsleben?

- [ ] Welche Krisen mußten Sie bestehen?
- [ ] Wer oder was half Ihnen darüber hinweg?
- [ ] Würden Sie den Beruf noch einmal ergreifen?
- [ ] Welche Zeitereignisse haben Sie besonders betroffen?
- [ ] Welche Auswirkungen auf Ihre Berufstätigkeit hatten diese Ereignisse?
- [ ] Gab es politische oder gesellschaftlich bedingte Umstände, die Sie für besonders erzählenswert halten?
- [ ] Haben Sie in dieser Beziehung Erfahrungen gemacht, die Sie unbedingt in Form von Ratschlägen weitergeben möchten?

Gründung der Familie

Lebensbericht Ina Seidel als Modell – Keine
Nostalgie – Das Lazarus-Diakonissenhaus in Berlin
– Äußere Daten – Die Hochzeitsreise – Die erste
gemeinsame Wohnung – Die Umgebung – Der
Ehemann – Häusliches Leben – Geschichten aus
Berlin – Geburt des ersten Kindes – Krankheit –
Entwicklung der Schriftstellerin – Umzug – Fragen

>*Am 30. Juni 1907 wurden Heinrich Wolfgang und
ich in der Lichterfelder Paulus-Kirche von Pfarrer
Stolte, einem Freund der Familie, getraut. Der
standesamtliche Akt hatte schon zwei Tage vorher
stattgefunden, und unsere Zeugen waren mein über
zwei Meter großer Schwager Werner und ein
ebenso langer Freund von ihm gewesen, in deren
uns überragendem Geleit wir durch die sommerlichen Gartenstraßen zum Rathaus gewandert waren.«*

*Ina Seidel,
Lebensbericht*

Nüchtern, aber herzlich, gerade heraus und doch ein bißchen schelmisch, einfach, anschaulich und klar: Als Modell
für dieses Kapitel der Lebensgeschichte läßt sich – diesmal
aus weiblicher Sicht – kaum etwas Besseres finden als der
lange Abschnitt, den die 1974 verstorbene Dichterin Ina Seidel der Zeit ihrer Verlobung, Hochzeit und den ersten Jahren als Frau eines Pfarrers in ihrem »Lebensbericht« widmet.
Wir werden daher dieses Kapitel über die Jahre 1907 bis

1914 in ihrer Autobiographie etwas genauer anschauen. Damit soll nicht etwa eine Konzession an vermeintliche nostalgische Gefühle gemacht werden, so, als ob die damalige Zeit verklärt werden sollte. Im Gegenteil: Der Reiz dieser Erinnerungen liegt gerade darin, daß uns Ina Seidel diesen die Menschen so stark fordernden und verändernden Lebensabschnitt so plastisch schildert, daß man als Leser wähnt dabeizusein. Sie entführt uns in die Welt von Berlin N in die Bernauer Straße – zu Beginn der gewaltsamen Trennung Berlins durch die Mauer unrühmlich bekanntgeworden wegen schrecklicher Flüchtlingsdramen. In dieser Straße befand sich das »Lazarushaus«, eine Krankenanstalt, die von Diakonissen betrieben wurde und an der der junge Heinrich Wolfgang Seidel, der frischgebackene Gatte, seine erste Anstellung als Pfarrer in der Krankenhausseelsorge gefunden hat.

Leider ist ja die Dichterin Ina Seidel in unseren Tagen ein wenig in Vergessenheit geraten. Ihr bis 1923 geführter »Lebensbericht« kann uns in unserem Kapitel hier geradezu als Modell dienen. Wie im Motto eingangs zu lesen, beginnt sie, indem sie das Hochzeitsdatum – im Kapitel vorher wurden die Umstände der Verlobung dargestellt – nennt, den Ort der kirchlichen Trauung, die standesamtliche nicht vergißt und humorvoll auch Zeugen der Trauung erwähnt.

Sie habe sich in einem »traumwandlerischen Zustand« befunden, habe dann nach der Hochzeitstafel »plötzlich« in einem Zug gesessen, der das bescheidene junge Ehepaar von Berlin auf vierzehn Tage an die Ostsee nach Warnemünde führte. Doch die Erinnerungen an diese erste gemeinsame Reise sind auf wenige kurze Absätze beschränkt. Man liegt im Sand, genießt das Sommerwetter, vermißt für Tage seine Koffer, die sich im gegenüberliegenden Kurhaus befinden: nichts Spektakuläres geschieht, der Leser hat Teil an einem stillen, aber tiefen Glück.

115

Weitaus umfangreicher, weil wohl viel aufregender, gerät die Schilderung der Heimkehr in die erste gemeinsame Wohnung. Die 22jährige seufzt unter der »Erkenntnis der Verantwortung« und fragt sich, was sie nun, allein in der Wohnung, tun soll.»Unsere Koffer auspacken? Einen Imbiß vorbereiten? Oder mich über den Inhalt der Schränke orientieren?« Schwere Sorgen, die erst durch die Ankunft der Mama, die die Viereinhalb-Zimmer-Wohnung des jungen Paares sorgfältig eingerichtet hat, zu schwinden beginnen.

Genau und sorgfältig hat aber die scharf beobachtende Schriftstellerin schon die Konzeption der Krankenanstalt des Lazarus-Diakonissenhauses dargestellt sowie die Umgebung, in der sich Krankenseelsorger Heinrich Wolfgang und Ehefrau Ina für sieben Jahre einrichteten. Und die rückblickende Autobiographin zaubert ein halbes Jahrhundert später die durch Weltkriege und Mauerbau zum Verschwinden gebrachte Berliner Szenerie zurück.

Nein, sie zaubert nicht. Die genau hinblickende Ina Seidel sieht neben der Idylle die Armen-Leute-Viertel von Berlin N, schildert die Straßenzüge und die Bevölkerung, vergißt auch nicht »ein paar sensationelle Morde«, die in ihrer Straße kurze Zeit vorher sich ereignet hatten.

Nach der Darstellung der Krankenanstalt und der Umgebung sowie ihrer Bewohner wendet sich die Autobiographin der gemeinsamen Wohnung zu und den Lebensumständen, in denen sie und ihr Mann sich befanden. Eingebettet in diese Schilderungen ist ein liebevolles Kurzporträt ihres Mannes und seiner ethisch-moralischen Berufsauffassung als evangelischer Pfarrer.

Die Menschen, die man nun in den nächsten Jahren kennenlernt, bilden einen weiteren Darstellungsabschnitt. Ina Seidel ist als Frau des zweiten Pfarrers nicht die wichtigste Pfarrersgattin an der Krankenanstalt; man nimmt aber den neuen Pfarrer und »Frau Pastorchen« liebevoll auf. Überhaupt erfreut an der gesamten Erzählung der warme menschliche Ton, der durch den ganzen Lebensbericht hindurchschwingt.

Während das Leben als Pfarrersfrau ihren dichterischen Neigungen Spielraum läßt und sie auch in ihrem Mann, der ebenfalls als Schriftsteller ein größeres Werk hinterlassen hat, einen Artverwandten gefunden hat, unterläßt sie nichts, um die Lebensumstände des Lazarus-Hauses und die Berliner Bevölkerung detailfreudig zu schildern. Kleine Erlebnisse mit den Berlinern werden berichtet, mundartliche Besonderheiten zusammengetragen; so, als zwei Jungen sich über den Konfirmandenunterricht unterhalten: »Mensch jeh zu Conrad – der sejnet dir sauber ein!«

Wir Leser bekommen Einblick in das sparsame Budget der jungen Familie und die stille Lebensführung. Die Schriftstellerin macht ausgedehnte Spaziergänge in Berlin, erforscht Straßenzüge und Museen und lernt so die Geschichte der Stadt kennen, ein lebendiger Geschichtsunterricht, wenn sie die Schlösser der preußischen Könige besichtigt und Mobiliar, Baulichkeit und andere Erinnerungsstücke aus der Hohenzollern-Dynastie anschaulich vor Augen bringt.

Wer diese Abschnitte in der so lebendigen Autobiographie sorgfältig studiert, wird hier reiches Anschauungsmaterial und vielfältige Anregungen finden, um eigene Aufzeichnungen farbiger zu gestalten. Am Stil der Seidel sich zu orientieren, ist ein lohnendes Unterfangen.

»Heute erscheint es mir, als hätte ich bis zu diesem Abschnitt nie so stark in der Gegenwart gelebt . . .«, resümiert sie diese ersten Eindrücke der Zeit als junge Ehefrau.

Doch nun überziehen dunkle Wolken den strahlenden Himmel; das Glück, die Tochter Heilwig geboren zu haben, wird mit einer schweren Krankheit erkauft, die die Autorin ein Jahr ans Bett fesselt und ihr, da sie wohl einem ärztlichen Kunstfehler ausgesetzt war, eine lebenslange Gehbehinderung hinterläßt.

Die lange Rekonvaleszenz, die Betreuung der Kranken und des Kindes sowie des Ehemanns durch die tüchtige Mutter wird anschließend geschildert, auch, wie sich in dieser Zeit die dichterische Substanz entwickelt und langgehegte Pläne in der Literatur in die Tat umgesetzt werden. Hier geht die autobiographische Darstellung dann zur »Berufswirklichkeit« über...

Fassen wir zusammen: In diesem Kapitel kam ausschließlich eine Dichterin als Verfasserin ihrer Lebensgeschichte vor; als junge Frau muß sie sich in einen neuen Kreis einfügen, sie lernt es, mit der neuen Bindung zu leben und auch, Beziehungen zu der neuen Umgebung zu finden. Die Wonnen und Freuden, die kleinen Nöte und Sorgen des Ehelebens, die neuen Bekannten und Freunde, das Eigenartige und Merkwürdige der Umgebung: alles findet sich in ihren Aufzeichnungen, aus denen wir manches nur entnehmen konnten, aber gerade das, was als übertragbar auf viele Situationen junger Ehen gelten darf.

Eine Reihe solcher Details sollte dieses Kapitel nicht allzu sehr beschweren, es findet sich in anderer Form in dem Fragenkatalog am Ende des Kapitels hier wieder.

Lustige Geschichten aus dieser Zeit sollten nicht fehlen. Zögern Sie nicht, sie aufzunehmen, wie es hier zum Beschluß diejenige von Ina Seidels Hochzeit ist.

»HW besaß keinen Zylinder, sondern einen sogenannten Chapeau claque, den er bei Beginn der Zeremonie zusammengeklappt mit seinen Handschuhen auf den Tisch gelegt hatte, hinter dem der Beamte saß. Als es soweit war, daß wir unsere Unterschriften geben sollten... sprang dieser Hut mit leisem Knall auf und über seinem Rand hingen die Handschuhe mit gespreizten Fingern, als wollten sie mit

Applaus ihre Zustimmung geben. Wir konnten nicht umhin, ein gutes Omen darin zu sehen.«

Fragen

- ☐ Wann, wo und wie lernten Sie Ihren Ehepartner kennen?
- ☐ Wann beschlossen Sie, sich zu verloben und zu heiraten?
- ☐ Führten besondere Umstände zu diesem Entschluß?
- ☐ Wann verlobten Sie sich, wann heirateten Sie?
- ☐ Welche Erinnerungen haben Sie an Ihre Verlobung?
- ☐ War sie eine sehr offizielle Angelegenheit, oder beschränkten Sie sich weniger?
- ☐ Lag zwischen Hochzeit und Verlobung ein langer Zeitraum? Wenn, warum?
- ☐ Wie feierten Sie Ihre Hochzeit?
- ☐ Gab es vorher vielleicht einen Polterabend?
- ☐ Wurde der Abend vorher auf andere Weise gefeiert?
- ☐ An welche äußeren Umstände (Wetter, etc.) an Ihrem Hochzeitstag erinnern Sie sich?
- ☐ Wissen Sie noch, was Sie trugen? Was Ihr Lebenspartner?
- ☐ Haben Sie standesamtlich und/oder kirchlich geheiratet?
- ☐ Wer traute Sie?
- ☐ Gab es besondere Vorkommnisse bei den Zeremonien?
- ☐ Wie wurde die Hochzeitsfeier gestaltet?
- ☐ An welche Gäste bei dieser Feier erinnern Sie sich?
- ☐ Wohin führte Ihre Hochzeitsreise? Wann begann sie?
- ☐ Welche besonderen Eindrücke von dieser Reise haben Sie im Gedächtnis behalten?
- ☐ Wo befand sich Ihre erste gemeinsame Wohnung?
- ☐ Können Sie sich an Details der Einrichtung erinnern?
- ☐ In welcher Umgebung lag die Wohnung?

- ☐ Hatten Sie Probleme mit der Haushaltsführung?
- ☐ Sind Sie mit Ihrem Haushaltsbudget ausgekommen?
- ☐ Was war das schwierigste Problem in diesem Zusammenhang?
- ☐ Gab es in Ihrer jungen Ehe darüber Streit?
- ☐ Gab es überhaupt manchmal Streit?
- ☐ Wie lösten Sie Ihre damaligen Ehekonflikte eines jungen Paares?
- ☐ Welche Eigenschaften bewunderten Sie in den ersten Jahren Ihrer Ehe bei Ihrem Partner am meisten?
- ☐ Gab es Eigenschaften, die Sie störten?
- ☐ Wie gingen Sie mit solchen Problemen um?
- ☐ Hatten Sie irgendwelche größeren Schwierigkeiten in den ersten Ehejahren, die Sie oder Ihr Partner nicht zu verantworten hatten?
- ☐ An welche besonderen Ereignisse oder Geschichten von Ihnen aus dieser Zeit können Sie sich erinnern?
- ☐ Wie lange dauerte Ihrer Meinung nach diese erste Ehephase?
- ☐ Durch was ging sie zu Ende?

Unser Familienleben

»Familiäres und Persönliches« bei Theodor Heuss –
Zurückhaltende Darstellung der eigenen Person –
Wenig Vorbilder – Ratschläge für den Beginn –
Veränderungen durch Geburt eines Kindes –
Namengebung – Wohnung, Anschaffungen –
Berufsprobleme der werdenden Mutter –
Geburtsumstände – Wunsch und Wirklichkeit – Das
Heranwachsen – Hausbau – Gewohnheiten des
privaten Lebens – Freundes- und Bekanntenkreis –
Verlust durch Tod – Das »Profil des individuellen
Lebens« – Fragen

*»Darf ich hier einige Notizen einfügen, wie man sie
in den ›Erinnerungen‹ eines Mannes, der wesentlich als ›Politiker‹ gilt, kaum suchen und selten finden wird? Doch sie gehören eben zu meinem Leben und meinem Besitz.«*

Theodor Heuss,
Erinnerungen 1905–1933

Mit diesen Worten leitet der erste Bundespräsident der
Bundesrepublik Deutschland ein kurzes Kapitel »Familiäres und Persönliches« in seinem Erinnerungsbuch ein.
Aber, wie er es selbst sagt, es ist ein Kapitel, das eigentlich
nicht dazugehört. Denn dieses Buch von »Papa Heuss« stellt
im Grunde ja den typischen Fall von »Memoiren« dar, in
denen der Verfasser seinen Anteil an den Zeitereignissen
darstellt und bei denen er selbst als Person oft hinter den
dargestellten Geschehnissen verschwindet.
So ist auch das Kapitel, von dem hier gesprochen wird, für

unsere Zwecke nur zum Teil ergiebig. Will man etwas über das private Leben des Ehepaars Elly Heuss-Knapp und Theodor Heuss erfahren, muß man ziemlich lange suchen. Man könnte sagen, daß es Heuss eher darauf ankommt zu zeigen, inwieweit beide Eheleute Teil am öffentlichen Leben im Kaiserreich und in der Weimarer Republik hatten. In manchen Passagen aber kann man geradezu an die Schilderungen Ina Seidels anknüpfen:»Die Rückschau auf das private und berufliche Leben dieser Zeit scheint in eine Idylle zu blicken.« Man sei in Berlin in eine neugebaute Siedlung umgezogen,»ein Fleckchen Erde konnte gepachtet werden«, was zwar kein richtiger Garten gewesen sei, es habe aber»Sonne, Raum für den Laufstall des kleinen Buben« gegeben, und Frau Elly habe»ihre ersten Fingerübungen an schmalen Blumenbeeten machen« können.

In den»Erinnerungen« sind diese spärlichen Züge des familiären Lebens tatsächlich mit der Lupe zu suchen. Mit Elly Heuss-Knapp, so liest man an anderer Stelle, sei zu Beginn der Ehe ein»Ehevertrag« geschlossen worden, der junge Ehemann habe»domestiziert« werden müssen, was unter anderem den Verzicht auf die»lange Pfeife« beinhaltete –»ihr Qualm sei unerträglich«; der frischgebackene Ehemann handelt schriftlich im Gegenzug aus, ihn von der »Pflicht zu entbinden, in Geschäfte für Damenkleider und Damenhüte mitzugehen«.

An anderer Stelle erfährt man von den Reisen des jungen, noch kinderlosen Ehepaars, die sehr farbig und detailreich geschildert werden. Der Politiker Heuss war ja auch ein hervorragender Schriftsteller.

Natürlich wird man diese»Erinnerungen« eher in die Hand nehmen, um etwas über die Werdezeit des jungen Redakteurs und späteren liberalen Reichstagsabgeordneten zu erfahren. Der Mensch Theodor Heuss bleibt eher blaß, man lernt ihn als eminent fleißigen Mann kennen, seine Rolle als

Redakteur und Abgeordneter wird deutlich. Gleichzeitig entwickelt an seiner Seite Elly Heuss-Knapp ihr durch Erziehungstätigkeit bestimmtes Leben. Beide haben großen Anteil an den Zeitereignissen, in den »Erinnerungen« begegnet man einer großen Zahl berühmter Menschen, unter ihnen dem großen Soziologen Max Weber und Albert Einstein.

An sich soll in diesem Kapitel von »familiärem Leben« berichtet werden. Je bedeutender nun aber die ihre Erinnerungen verfassenden Persönlichkeiten sind, um so stärker schirmen sie ihr privates Leben ab und lassen hier ihre Erinnerungen eher sparsam wirken.

In seltenen Fällen können dann Ehefrauen oder selbst schreibende Kinder diese Lücken füllen. Für die Zwecke unserer Lebensgeschichte müssen wir in diesem Falle uns anders orientieren, wenn hier die autobiographischen Schriften nicht mehr so gut als Vorbilder zu verwenden sind.

Aus den wenigen Angaben bei Theodor Heuss ist immerhin doch manches übertragbar: So erfährt man einiges über die erste Zeit nach der Eheschließung, die ersten Wohnungen, die ersten Reisen, als noch kein Kind geboren wurde.

Mit der Veränderung, die durch ein Kind und erst recht durch mehrere gegeben sind, sollte daher hier eingesetzt werden. Wenn sich ein Kind in der Familie ankündigt, gibt das meist Anlaß zu vielen Überlegungen und Anschaffungen.

Ein Dauerthema für das junge Ehepaar stellt hier mit Sicherheit die Namengebung dar. Es ist für die späteren Leser daher von hohem Reiz, aus der Autobiographie von den Hintergründen dieser Namengebung zu erfahren. War es etwa der Klang des Namens? Gab es Verwandte, nach denen benannt wurde? Wollte man einer gerade herrschenden Namenmode folgen? Sollte mit dem Namen des Kindes etwas Besonderes verbunden sein?

Das Kind verlangt auch meist eine räumliche Umorientierung in der Wohnung oder im Haus. Hieran anschließend kann man also Gegebenheiten des Wohnens in der Rückschau erklären. Fragen aus der Verwandtschaft nach Gegenständen und Bekleidungsstücken laufen ein und verlangen Entscheidungen. Vielleicht muß man sogar den eigenen Wagen verkaufen, weil seine Bauweise nicht mehr für den Familienzuwachs paßt.

Die vielfältigen Änderungen der Lebensgewohnheiten eines jungen Paares ohne Kind treten nun ein; wenn die werdende Mutter einen Beruf ausübte, sollte man schildern, wie sich die Ankunft des kommenden Erdenbürgers auf diese Berufstätigkeit auswirkte. Vielleicht war es sogar nötig, den Beruf ganz aufzugeben; in anderen Fällen halfen Verwandte, manchmal konnten völlig andere, unübliche Lösungen gefunden werden.

Vielleicht wissen Sie beim ersten Kind auch noch genau, wie die Geburtsumstände waren. Das trifft mit Sicherheit auf die Mutter zu, häufig aber auch auf den Vater, wenn er, wie es neuerdings möglich ist, selbst bei der Geburt anwesend sein durfte.

Eine kleine Anekdote, die diese Umstände erhellen könnte, soll hier eingeflochten werden. Erzählt hat sie ein bekannter Gynäkologe, der jetzt im Ruhestand lebt. Als der alte Herr in einem Supermarkt einkaufte, fiel einer vor ihm stehenden Dame der Einkaufskorb um, die Waren verteilten sich auf dem Boden. Auf seine Frage – »Darf ich Ihnen helfen, gnädige Frau?« – antwortete die Angesprochene: »Aber nein, Herr Professor, ganz herzlichen Dank, Sie haben mir doch schon geholfen.« Und auf seine verwunderte Frage, weshalb, sagte sie ihm lachend: »Sie haben doch vor neunzehn und zwanzig Jahren meine beiden Söhne zur Welt gebracht!«

Natürlich trifft nicht jede Mutter ihren »Geburtshelfer« in

einer solchen Situation wieder, aber wenn man amüsante Geschichten mit der Geburt des ersten Sprößlings oder der Kinder verbindet, sollte es unbedingt in die Lebensgeschichte aufgenommen werden. Unter Umständen erinnert sich der Leser auch noch daran, ob das später geborene Kind denn tatsächlich – »Hurra, ein Junge!« – seinen Wünschen entsprochen hat. Wie oft hört man von der fehlgeleiteten Farbwahl bei der Herstellung der ersten eigenen Strampelanzüge – »Rosa, ist doch klar, wird ein Mädchen!«

Man sollte es ruhig in die Autobiographie schreiben, ob man ein Kind oder mehrere wünschte, ob die tatsächliche Kinderzahl schließlich den eigenen Vorstellungen entsprach. Auch von den Problemen der Familienplanung könnte an dieser Stelle gesprochen werden.

Moderne Eltern – und welche Eltern waren das zu ihren Zeiten nicht?! – haben oft auch Babypflegekurse besucht, sich mit den neuesten Theorien über die einzig richtige Wikkelmethode, die ausschließlich zutreffenden Stillpraktiken auseinandergesetzt; sie haben dann auch den ewig währenden Zwist für sich und damit für alle Zeiten gelöst, ob schreiende Babies sofort oder nur zu bestimmten Zeiten gestillt werden sollen.

Irgendwann wird sich natürlich dieser fundamentale Lebenswechsel, der mit dem Erlernen ungewohnter Hantierungen verbunden ist – dem ominösen Fläschchenwärmen, dem Lösen, Auswickeln und Beschnuppern von Windeln, die von gesundem Kindesstoffwechsel künden, dem Cremen, Pudern und erneutem Einwickeln des krähenden Wonneproppens –, zu erlernter Routine wandeln, von der man dann weniger weiß.

Doch das Erlebnis zu sehen, wie ein Kind heranwächst, ist trotz aller Lasten Vergnügen genug. Hier muß jeder Autobiograph aufgrund seiner »Erinnerungslage« den Umfang des Anteils selbst bestimmen, den er dieser Zeit geben will.

Ein weiterer dankbarer Punkt wäre dann die Zeit, in der sich die Familie – vielleicht ist sie noch mehr gewachsen – endgültig etabliert. Eine möglicherweise langfristige Stellung, Pläne für den Bau eines Hauses oder der Erwerb von anderem Eigentum sollten nun erwähnt und geschildert werden.

Wie sich das jeweilige familiäre Profil aus der rückblickenden Sicht abzeichnet, kann kein Ratgeber im einzelnen vorgeben. Daß aber manche Konstanten im menschlichen Leben vorhanden sind, es bestimmte allgemein gültige Lebensmuster sind, auf die hier hingewiesen werden soll, ist sicher unbestritten.

Dazu gehört das zunächst ganz private Leben mit seinen Gewohnheiten und Bräuchen. Aber darauf beschränkt sich das gesamte Leben ja nicht. Der in der Gesellschaft lebende Mensch hat Freunde, Verwandte, Bekannte, Menschen in enger und näherer Umgebung, die in den Beziehungen zu einem selbst geschildert und charakterisiert werden können.

Auch das Gegenteil davon, nämlich welche Lücken diese Menschen durch ihren Tod hinterlassen haben, kann in dieses Kapitel Lebensgeschichte aufgenommen werden.

So ist übrigens Theodor Heuss in den entsprechenden Passagen des weiter oben angeführten Kapitels vorgegangen. Wir Leser erfahren, welche Bedeutung der Tod naher Verwandter – der Mutter und des Schwiegervaters z. B. – für ihn hatte, später dann der überraschende und um so schmerzlicher empfundene Tod seines geistigen Mentors, des bedeutenden Liberalen Friedrich Naumann. Auch bedeutende Persönlichkeiten, die man im eigenen Leben kennengelernt hat und mit denen man verbunden war, sollten in diesem Kapitel dargestellt werden.

Es geht also darum, die nicht völlig, aber doch in einem gewissen Sinne unabhängig vom Arbeitsleben entwickelte und praktizierte Lebensführung in einem größeren Zusammenhang darzustellen, wobei man chronologisch vorgehen kann, aber hier die Zeit in einem größeren Überblick zusammenfassen darf.

Gab es in der Lebensgeschichte Phasen, in denen das Privatleben unter den schweren Druck von äußeren Zeitereignissen geriet – Krisen, Inflationen, Arbeitslosigkeit –, so sollten diese schweren Zeiten auch hier dargestellt werden. Private Interessen wie Reisen, allein oder mit den Kindern, die Liebhabereien, die »Hobbys«, die kulturellen Bedürfnisse, die Tätigkeiten in Vereinen und Organisationen, kurz: das für jedes Individuum spezifische Mischungsverhältnis, was die »persönliche Biographie« ausmacht, müßte in diesem Kapitel entfaltet werden.

Fragen

☐ Welche Erinnerungen haben Sie an die ersten Jahre ohne Kinder?

☐ Wie würden Sie Ihre Lebensführung charakterisieren?

☐ Übten beide Ehepartner einen Beruf aus?

☐ Gab es besonders wichtige Erlebnisse in dieser Zeit?

☐ War Ihr erstes Kind geplant?

☐ Wurden Sie durch die Schwangerschaft überrascht?

☐ Wie waren die Reaktionen des Ehemanns auf das nahende Kind?

☐ Welche besonderen Vorbereitungen wurden für das Kind getroffen?

☐ War es klar, welchen Namen es bekommen sollte? Nach welchen Prinzipien haben Sie den Namen ausgewählt: Klang, Verwandte als Namenpatrone, Kirchliche Feste, Heilige, Namenmoden, Vorbilder aus anderen Lebensbereichen?

- [ ] Welche Veränderungen mußten im häuslichen Bereich durchgeführt werden?
- [ ] Erinnern Sie sich an besondere Anschaffungen?
- [ ] Gab es Probleme mit der Berufstätigkeit der Ehefrau?
- [ ] Wurde das Kind zu Hause oder im Krankenhaus geboren?
- [ ] Warum entschieden Sie sich für ein bestimmtes Krankenhaus?
- [ ] Gab es bei der Geburt Komplikationen?
- [ ] Entsprach das Geschlecht des Kindes Ihren Wünschen?
- [ ] Halfen Verwandte zu Hause in den ersten Wochen nach der Geburt?
- [ ] An welche besonderen Umstände aus den ersten Lebenswochen und Lebensmonaten des Kindes erinnern Sie sich besonders?
- [ ] Haben Sie Aufzeichnungen, z. B. über den Spracherwerb in der ersten Lebensphase?
- [ ] Wann, glauben Sie, etablierten Sie sich als Familie endgültig?
- [ ] Wodurch wurde dieses ermöglicht?
- [ ] Bauten Sie oder kauften Sie ein Haus?
- [ ] Welche besonderen Liebhabereien hatten Sie in Ihrem Leben?
- [ ] Welche Tätigkeiten haben Ihr Privatleben geprägt?
- [ ] Konnten Sie diese Tätigkeiten gemeinsam mit den Kindern und Ihrem Ehepartner ausüben?
- [ ] Welche Freunde und Bekannte waren für Sie in Ihrem privaten Kreis besonders wichtig?
- [ ] Welche Verluste aus diesem Kreis und dem der Verwandten waren für Sie besonders schmerzlich?
- [ ] In welchen Lebensphasen haben Sie sich besonders wohlgefühlt?
- [ ] Gab es äußere Einflüsse der Zeit, die Ihr Privatleben sehr stark belastet haben?

Abschied vom Arbeitsleben

Abschnitte der Autobiographien – Der letzte
Arbeitstag – Ausblick auf die Zeit danach –
Veränderte Lebensgewohnheiten heutiger Senioren
– Pensionierung als Problem – Bilanz – Ratschläge –
Fragen

*»Zwischen dem 23. April 1972 und dem 25. April
1977 habe ich . . . meine besten Stunden dem Erinnerungsbuch »All das Vergangene . . .« gewidmet.
Es gab Wochen und Monate, da mich die Vergangenheit so tyrannisch in Anspruch nahm, daß die
Gegenwart zusammenzuschrumpfen drohte. Mehr
als sonst wurde mir das Schreiben zum Inhalt meines Lebens.«*

Manès Sperber,
Bis man mir Scherben auf die Augen legt

Mit einem Motto des Schriftstellers Manès Sperber haben
wir dieses Buch eingeleitet, mit Manès Sperber wollen wir
das letzte Kapitel der Ratschläge ausklingen lassen.

Nicht alle Autobiographien dringen bis zu dem Tag vor,
den der Verfasser gerade schildert. Viele begnügen sich mit
Abschnitten, eine ganze Reihe von ihnen bricht ab, andere
konzentrieren sich am liebsten auf die Kinder- und Jugendjahre. Nicht wenige Meinungen sind in der Literaturwissenschaft vertreten, die die Kindheits- und Jugenderinnerungen der Verfasser als die literarisch wertvolleren ansehen. In
einigen der bekannteren Autobiographien des 18. und 19.
Jahrhunderts geschehen Merkwürdigkeiten wie diese: Sie
sind lebendig und anschaulich als Erinnerungen von Kind-

heit und Jugend, steifleinern und sogar hölzern für die Zeit des Lebens als Erwachsener. In einem Fall sogar spricht der Verfasser von sich in der dritten Person und kehrt erst für seine Alterszeit zum vertraulicher klingenden Ich zurück. Die Zeit als Erwachsener scheint eben eher memoirenhafter zu sein, da viel mehr vom »äußeren Leben« erzählt werden kann oder muß.

Das Ende der beruflichen Tätigkeit markiert einen schweren Lebenseinschnitt. Häufig lange ersehnt als Ende der beruflichen Plackerei, erscheint der letzte Tag, der zumeist gefeiert wird, häufig mit Abschiedsreden und manchmal auch mit Auszeichnungen erträglicher gemacht wird, manchem doch als schmerzlicher Moment, der das Ende der »vita activa« einläutet.

Nun hat man Zeit. Wahrscheinlich können sich Jüngere, noch im Arbeitsleben befindliche Menschen die Probleme des »Rentnerstresses« nicht vorstellen. Die heute so stark veränderten Lebensgewohnheiten lassen den Lebensabend nicht als Zeit der Trübsal erscheinen, sondern eher als Chance, Reisen zu unternehmen, Liebhabereien zu frönen und einen ganz neuen Lebensrhythmus jenseits der auf die Woche fixierten Zeiteinteilung zu finden.

Pensionierung als Problem erleben allerdings auch manche besonders aktiven Menschen. So war kürzlich in vielen Tageszeitungen von besonderen Seminaren für Ehefrauen zu lesen, deren Gatten soeben pensioniert wurden. Nur wer die Dinge selbst nicht erlebt hat, weiß, daß sich mit dem Abschied aus dem Arbeitsleben auch für die Ehepartner Schwierigkeiten ergeben können: der Göttergatte ist nun immer da, immer guckt er in die Töpfe, die nach dem Auszug der erwachsen gewordenen Kinder erworbene Freiheit der Ehefrauen ist dahin . . .

Betrachtet man allerdings glückliche Lebensabende, in denen Harmonie vorherrschte und auch die Krankheiten nicht zu sehr das Leben bestimmten, ist dieser Lebensabschnitt besonders wertvoll. Man hat Zeit, Bilanz zu ziehen, sich den Erinnerungen zu überlassen, über Probleme und Schwierigkeiten neu nachzudenken, die dicken Bücher zu lesen, die man schon immer lesen wollte. Blickt man zurück – natürlich hier zum Zwecke Ihrer Lebensgeschichte! – stellen sich einige grundsätzliche Fragen: Würde man sein Leben anders gestaltet haben? Welche Phase war die schönste? Welche Wahrheiten haben sich als die wichtigsten herausgestellt? Wie würde man seine Lebensphilosophie formulieren? Welche Ratschläge könnte man kommenden Generationen geben?

Mit der Beantwortung dieser Fragen können Sie die Erzählung der eigenen Lebensgeschichte abschließen.

Fragen

☐ Wann beendeten Sie Ihre berufliche Tätigkeit?
☐ Welche besonderen Umstände sind davon berichtenswert?
☐ Welche Pläne hatten Sie vor der Pensionierung?
☐ Haben Sie sich auf diesen Lebensabschnitt irgendwie vorbereitet?
☐ Hatten Sie eine Lieblingsidee für diese Zeit?
☐ Wie hat sich Ihr Leben nach dem Ende Ihres Arbeitslebens verändert?
☐ Welche Einsichten konnten Sie jetzt gewinnen?
☐ Würden Sie lieber weiterarbeiten?
☐ Konnten Sie Ihre Absichten verwirklichen?
☐ Hätten Sie einen Rat für Ihre Angehörigen/Kinder/Enkel?
☐ Könnten Sie Ihre Einsichten verallgemeinern?

☐ Glauben Sie, daß Sie jetzt Ihre Lebensphilosophie formulieren könnten?

Anhang

Was ist eine Autobiographie?

Memoiren, Autobiographie, Erinnerungen, Lebensbeschreibungen, »Mein Leben«: Die Literaturwissenschaft nennt alles dieses »Textsorten«. Viele gelehrte Abhandlungen haben diese Lebensbeschreibungen zum Gegenstand. In einem sind sich die Wissenschaftler bei allen Definitionsversuchen und Abgrenzungen einig: Die Autobiographie ist ein Kind Europas, sie entstammt der Renaissance, sie hat etwas zu tun mit der Bewußtwerdung des Individuums und seiner Befreiung von dogmatischen Schranken, sie ist in ihrer weiteren Entwicklung gebunden an die Emanzipation des Bürgertums.

Daß sie Vorgänger hat, wenn auch nicht gerade zahlreiche, ist unbestritten. Einer von ihnen ist der Kirchenvater Augustinus mit seinen »Bekenntnissen« (lat. Confessiones). Nicht nur ein christlicher Erzvater, sondern auch einer der wuchernden »Bekenntnisse«-Literatur, jener Bücher, bei denen der Lese-Anreiz wohl immer auf das engste mit einem Blick hinter die privatesten Kulissen der Persönlichkeit verbunden ist.

Die »Confessiones« Augustins ragen aus der spätantiken Literatur nicht nur als ein einsames Denkmal der Gottessuche und Vergewisserung Gottes durch den Bischof von Hippo in Nordafrika heraus, sondern daneben vor allem durch ihre menschlichen Züge. Durch einen Zeitraum von mehr als anderthalb Jahrtausenden getrennt, vernehmen wir die Stimme eines Menschen, eines Kindes mit seinen Kümmernissen, eines jungen Mannes mit ausschweifender Lebensführung, eines sich seiner Bestimmung bewußt werdenden Mannes. Und alles wird ergänzt durch lebensnahe Schilderungen der politischen und kulturellen Verhältnisse, der Sitten der niedergehenden Antike. Es ist eines der bedeutsamsten Menschheitszeugnisse des antik-abendländischen Kulturkreises.

Bekenntnisse haben immer mit einer bohrenden Selbstforschung zu tun. Jean-Jacques Rousseau beginnt dreizehn Jahrhunderte später seine »Confessions«, indem er sie ein »Unternehmen ohne Beispiel« nennt, er will »meinesgleichen einen Menschen in der ganzen Naturwahrheit« zeigen, »und dieser Mensch werde ich sein«.

Daß sich Rousseau mit diesen Lebenserinnerungen auch freischreiben will, scheint ein beinah überflüssiger Hinweis. Dieser von widersprüchlichsten Anlagen geprägte erste »moderne« Europäer klagt sich an, entblößt sich schonungslos, gibt Schuld zu. Die wohl bekannteste: Einen der berühmtesten Erziehungsromane der Weltliteratur – »Emile« – geschrieben zu haben und gleichzeitig seine eigenen Kinder ins Findelhaus, d. h. das Waisenhaus gebracht zu haben.

Das Werk, aus dem Rousseau knapp zwanzig Jahre vor Ausbruch der Französischen Revolution öffentlich vorzulesen begann, entfachte einen solchen Aufruhr, daß die Polizei einschritt und weitere »Entblößungen« verbot. Rousseau bestimmte schließlich, daß das Werk erst im neuen Jahrhundert veröffentlicht werden sollte (er starb 1778). Aber auch verständlich, daß es bereits vier Jahre nach seinem Tod zum ersten Mal veröffentlicht wurde und seitdem neben den anderen Schriften Rousseaus das europäische Denken beeinflußt hat.

Viele Werke mit den Titeln »Bekenntnisse« oder »Confessions« verzeichnet die Weltliteratur.

Die Geschichte der Autobiographie, zu der wir nun nach diesem Exkurs über ihre Vorläufer zurückkehren wollen, ist eine Geschichte der europäischen Seele. Ihren Höhenflug beginnt sie in der Renaissance, genauer in den Stadtrepubliken Italiens, Florenz zum Beispiel. Hier bildet sich aufgrund der Wirtschaftsform des Frühkapitalismus und der städtisch-demokratischen Form ein Menschentypus heraus, der in schrankenloser Individualität sein Eigenstes entfalten kann. Die von Goethe übersetzten Lebenserinnerungen des Goldschmieds und Bildhauers Benvenuto Cellini (1500–1571) repräsentieren diesen Monumentaltypus des auf sein Ich pochenden Renaissance-Künstlers.

Auch für Deutschland hat – so Bernd Neumann, dessen Ausführungen wir hier folgen – sich eine von der bürgerlichen Stadtkultur ableitbare Entwicklung ergeben. Künstler und Philosophen, Maler und Schriftsteller schrieben Autobiographien oder autobiographische Texte. Albrecht Dürer und Ulrich von Hutten sind hier stellvertretend für viele zu nennen.

Die quasi-monarchischen Regierungen der »principe« in Italiens Städten, der beginnende Absolutismus in Frankreich zwingen die einst selbstbewußten Bürger in ihre engen Schranken. In Deutschland geht die blühende Stadtkultur in den Wirren des Dreißigjährigen Krieges unter, mit ihr verschwindet die Autobiographie für ein ganzes Jahrhundert. Hatte sie ihre Lebensvoraussetzungen durch die Zerstörung und Verwüstung von zwei Dritteln Deutschlands zwischen 1618 und 1648 verloren, prägte danach auch das höfisch-absolutistische Adelsvorbild die deutschen Zentren: nicht mehr die alten, stolzen Bürgerstädte, sondern die neuen Barockresidenzen der Fürsten. Das Bürgertum in Deutschland? Eine mit wenig Selbstbewußtsein ausgestattete Dienstleistungsklasse, die sich erst langsam wieder erholte.

Kristallisationskern ihres Wiederaufstiegs wird eine religiöse Bewegung: der Pietismus. Er vollzieht sich als Opposition gegen die obrigkeitlich beherrschten Kirchen im Zeitalter des Absolutismus. Er ist eine kleinbürgerliche Gegenbewegung; ihre Vertreter waren »in Ekstase und Vision . . . vor dem übermächtigen Druck der Not und Trübsal des irdischen Lebens« ausgewichen; im Religiösen fand man den letzten Halt gegen die »despotischen Bureaukratien« von Staat und Kirche. Niemand aus dem geistigen Leben Deutschlands im 18. Jahrhundert, so Werner Mahrholz als einer der besten Kenner dieser Entwicklung, sei von pietistischen Gedanken freigeblieben:

»In den Jugendgeschichten der meisten bedeutenden Menschen unserer klassischen Zeit spielen pietistische Gedankengänge eine bestimmende Rolle, und eine gewisse enge, aber fromme Kleinbürgerlichkeit, die dem deutschen Charakter gerade in seinen besten Vertretern bis auf den heutigen Tag eignet, ist zu jener Zeit und unter dem Einfluß des Pietismus in ihn eingedrungen und befestigt worden.« (Werner Mahrholz)

Aus religiösem Empfinden im Pietismus, als ein unmittelbares, durch mystische Schau entstandenes, Verhältnis zu Gott entwickelte, erwuchs das neue bürgerliche Selbstbewußtsein, entstand mit ihm die Autobiographie neu.

Doch welch ein Unterschied! Einst die kernhafte, selbstbewußte und stolze Selbstbekundung von zumeist Menschen aus dem städtischen Patriziat, Bürgern schon in Grundzügen demokratisch organisierter Gemeinwesen, nun die zweifelnden, oft gekrümmten, selbstquälerischen Gewissens- und Lebenserforschungen der pietistisch bestimmten Vertreter des Kleinbürgertums! Welch ein Weg war noch zurückzulegen, bis dieses Bürgertum seiner selbst sicher sein konnte!

Autobiographien spiegeln vorrangig die Individualgeschichte eines Menschen, doch welcher Mensch wäre außerhalb der Bestimmungen durch seine Zeit zu denken? So sind die deutschen Autobiographien – und natürlich alle weiteren europäischen und europäisch geprägten – Spiegelbilder der weltlichen und geistigen Verhältnisse ihrer Verfasser.

Da geht es im 18. Jahrhundert sehr, sehr eng zu. Charakteristische Beispiele dafür bieten die – auch heute noch lesenswerten – Autobiographie Heinrich Jung-Stillings (»Lebensgeschichte«) und Karl Philipp Moritz' autobiographischer Roman »Anton Reiser«.

Heinrich Jung-Stillings Werk wurde von Goethe angeregt, der den späteren Verfasser in Straßburg kennengelernt hatte und »seinen Erzählungen aus seiner bäuerlichen Kindheit entzückt zuhörte«. Roy Pascal hat in seiner Darstellung der *Autobiographie* das Volksbuch Jung-Stillings liebevoll beschrieben: »Unvergleichlich plastisch sehen wir das bäuerliche Leben der Großeltern, das Dorf mit dem herrischen Pastor, den einfachen Glauben, der sich bei Jungs Vater, der wegen ›gebrechlicher Füße‹ Dorfschneider wird, zu schwärmerischem und trübseligem Pietismus wandelt. Wie ein bewunderter Oheim will der Jüngling etwas Besseres werden, denn es gibt keinen Platz für ihn auf dem engen Bauerngut. Er wird Schulmeister, erfährt Förderung und Demütigung von kirchlichen und bäuerlichen Magnaten, wird Hofmeister und studiert endlich Medizin.

Die lebhafte Schilderung dieser Schicksale enthält aber eine ungewöhnliche Tiefe durch die reiche Darstellung seines Innenlebens. Durch den Pietismus seiner Eltern früh dazu erzogen, schwärmerische Entzückungen und erschütternde Reue- und Bußübungen zu pflegen, beschreibt Jung immer wieder die inneren Gemütsvorgänge, die für ihn eigentlich das Wichtigste, das Wesentliche an seinem Lebensgang sind. So begründet er aus dem Pietismus heraus die Autobiographie eigentümlich deutscher Prägung, [. . .] die den seelischen Erlebnissen der Jugend höchste Aufmerksamkeit widmet.«

Pietistische Autobiographien, deren es im 18. Jahrhundert eine Vielzahl gibt, folgen zumeist einem vorgegebenen Muster. Die Verfasser schildern den Weg des Autobiographen von dem erreichten Endpunkt her, sie sehen eine Entwicklung »vom sündenbeladenen Weltkind zum reuigen Gotteskind«. An ihnen offenbare sich siegreich die lenkende »Vorsehung«, die den Lebensweg zum Guten hin geraten lassen. Damit verbunden ist dann auch häufig der Hinweis der Verfasser auf das Beispielhafte ihres Lebensweges: es sind letztlich also Werke mit belehrender Tendenz.

Geradezu stürmisch verläuft Ende des 18. Jahrhunderts die Entwicklung der Autobiographie auf dem immer mehr expandierenden Buchmarkt. Untersuchungen ergaben Steigerungen gerade dieser »Textsorte« um ein Vielfaches. Sicher hat dazu die Rezeption Rousseaus erheblich beigetragen. Zudem wandelt sich der Charakter der »Selbstbiographien«. Sie nähern sich mehr der Gattung des Romans an, werden erzählerischer und bereiten somit dem bürgerlichen Roman par excellence, dem *Entwicklungsroman* das Feld.

Außerdem wird ein weiteres Moment höchst bedeutsam. Wenn pietistische Autobiographien eher bekenntnishaft waren, mehr Rechenschaft des Ganzen eines Leben bedeuteten, so wandelt sich nun gegen Ende des Jahrhunderts auch der Charakter der Autobiographien dadurch, daß der dargestellte Zeitraum eingeschränkt wird. Nicht mehr das ganze Leben ist es, sondern eher jener Teil, der die Phasen beinhaltet, in denen sich das Individuum zu jener Gestalt entwickelt, die es dann das ganze Leben hindurch bleibt.

So geraten also Kindheit und Jugend vornehmlich in das Blickfeld der Verfasser ihrer Lebensgeschichten. Auch in Goethes Autobiographie »Aus meinem Leben. Dichtung und Wahrheit« sind es die ersten prägenden Lebensphasen, die der Autobiograph untersucht: «. . . wie das Kind, der Knabe, der Jüngling sich auf verschiedenen Wegen dem Übersinnlichen zu nähern gesucht.« Es ist besonders der Entwicklungsgedanke, dem das Denken Goethes verpflichtet ist, das Sich-Entfalten einer Person, das Werden zu einer Persönlichkeit. Dies geschieht, indem Goethe darstellt, wie die Zeitverhältnisse auf den Menschen einwirken, wie aber auch andererseits der Mensch aufgrund innerer Anlagen von Stufe zu Stufe reift, bis aus ihm die »feste Persönlichkeit« geworden ist.

Anders also als die pietistische Autobiographie, bei der der Verfasser die »Vorsehung« Gottes als Führer in seinem Lebensplan durch das Schreiben aufdeckt, ist hier das leitende Prinzip in das Individuum verlegt worden. Es ist dann charakteristisch, daß der Zeitpunkt, zu dem die Autobiographie abbricht, das 26. Lebensjahr ist, als Goethe an den Hof des Herzogs Karl-August abreist, um dort aus dem überschwenglichen Dichter der »Leiden des jungen Werthers« die spätere »steife Exzellenz« zu werden, als die ihn z. B. der österreichische Dichter Franz Grillparzer bei seinem Besuch in Weimar erlebt und empfunden hat.

Wie nahezu allen Literaturgattungen der »Klassiker« Goethe – d. h. der nach Vorbildlichkeit und Musterhaftigkeit strebende Dichter – unvergleichlich seinen Stempel aufgedrückt hat, so verdanken wir ihm auch für die Autobiographie selbst entscheidende Einsichten. Goethe schreibt: »Das Individuum geht verloren: das Andenken desselben verschwindet, und doch ist ihm und andern daran gelegen, daß es erhalten werde.

Jeder ist selbst nur ein Individuum und kann sich auch eigentlich nur fürs Individuelle interessieren. Das Allgemeine findet sich von selbst, dringt sich auf, erhält sich, vermehrt sich. Wir benutzen's, aber wir lieben es nicht. Wir lieben nur das Individuelle; daher die große Freude an Vorträgen, Bekenntnissen, Memoiren, Briefen und Anekdoten abgeschiedener, selbst unbedeutender Menschen.

Die Frage: ob einer seiner eigene Biographie schreiben dürfe, ist höchst ungeschickt. Ich halte den, der es tut, für den höflichsten aller Menschen. Wenn einer sich nur mitteilt, so ist es ganz einerlei, aus was für Motiven er es tut. Es ist gar nicht nötig, daß einer untadelhaft sei, oder das Vortrefflichste und Tadelloseste tue; sondern nur, daß etwas geschehe, was dem andern nutzen oder ihn freuen kann.«

Mit »Aus meinem Leben. Dichtung und Wahrheit« erreicht die Autobiographie ein bedeutsames Stadium, sie wird, wie es Literaturwissenschaftler nennen, »hochbürgerlich-klassisch«. Den Bildungsidealen des Bürgertums entsprechend, so dann erst recht in der rein literarischen Form des Entwicklungsromans, verlassen das autobiographische Subjekt oder der Held des Entwicklungsromans die Sphäre des Werdens, um im Reich des Seins als gereifte Persönlichkeiten ihr Leben in der Welt zu führen.

Kluge Untersuchungen verweisen darauf, daß zwischen der Autobiographie und dem Bürgertum enge Verbindungen bestehen, ja, es heißt sogar, die Geschichte der Autobiographie sei eine »Geschichte des bürgerlichen Selbstbewußtseins«. Dies trifft natürlich nur auf einen begrenzten Zeitraum zu.

Das 19. Jahrhundert mit seinen durch die Industrialisierung bedingten Wandlungen der gesamten Lebens- und Umweltverhältnisse, dem Entstehen der neuen Schicht der Industriearbeiterschaft und ihren häufig elenden Verhältnissen zeitigt eine Fülle von weniger bekannten Autobiographien aus der Arbeiterschaft. Auch Frauen kommen zu Wort und schildern ihren Aufstieg aus den sehr beengten häuslichen Kreisen.

Der großartige Lebensmut, der zähe Wille, etwas lernen zu wollen, der heiße Wunsch, anderen Frauen ihres Standes, ihrer Klasse das eigene Leben als ermutigendes Beispiel vor Augen zu führen, hat viele dieser Autobiographien beseelt. Sie sind insgesamt gesehen jene notwendigen Gegenbilder in der Sozialgeschichte des deutschen Volkes des Kaiserreichs, dessen Großbürgertum sich längst von den Bildungsidealen der Goethe-Zeit abgewendet hatte.

Zudem reflektieren viele der Autobiographien des 19. Jahrhunderts das Erstaunen, ja geradezu das Entsetzen über das völlige Verschwinden der angestammten Lebenswelt. Dahingegangen sind »die alte Gemeinschaft des Dorfes und der Kleinstadt, Vereinigungen, Werkzeuge, Sitten, religiöse und moralische Auffassungen und Verhaltensweisen. Immer wieder schreiben Menschen über ihre Kindheit und Jugend, oft für ihre Enkel, um geschichtliche Tatsachen zu erklären, die völlig verschieden von den Erfahrungen späterer Generationen sind.« (Roy Pascal)

Schlägt man in diesem kurzen Abriß über die Geschichte der Autobiographie eine Brücke ins 20. Jahrhundert, so haben die gleichen Motive der vergegenwärtigenden Rückerinnerung die Autobiographen bewegt. Nur daß es nicht die Umwälzungsprozesse infolge der Industrialisierung waren, die das Erinnern beflügelten, sondern die grausamen Erfahrungen von Weltkriegen, Flüchtlingstrecks, dem nicht rückgängig zu machenden Verlust der Heimat, vom Wechsel der politischen Systeme und den daraus resultierenden Ansprüchen der Ideologien an das Individuum. Vereinzelung und Vereinsamung, Kollektivismus und Vermassung prägen das Gesicht des 20. Jahrhunderts. Die Rückbesinnung in Gestalt der Autobiographie vermag hier oft ratlosen Einzelmenschen den Weg zu weisen.

Formen der Autobiographie

Wenn wir wissen wollen, was wir eigentlich schreiben wollen, so ist es an dieser Stelle nötig, nach dem Überblick über die Geschichte der bedeutenden europäischen Autobiographien unsere »Textsorte« einmal genauer unter die Lupe zu nehmen. Es soll also zunächst abgegrenzt werden, was Autobiographien, Memoiren und Erinnerungen überhaupt sind.

Der Begriff »Autobiographie« wird im angelsächsischen Sprachraum mehr als im Deutschen verwendet. Sucht man z. B. im »Brockhaus« dieses Stichwort, wird man auf »Selbstbiographie« verwiesen. Engländer und Amerikaner verwenden lieber den Begriff »autobiography«. Das zeigt sich auch in ihrer Literatur, wo echte und fiktive Lebensbeschreibungen nebeneinander stehen. Bedeutende englische und amerikanische Autobiographien sind etwa:

William Carlos Williams, The Autobiography (1951);

Gertrude Stein, The Autobiography of Alice B. Toklas (1933);

Henry James, Autobiography (1913–1917);

John Stuart Mill, Autobiography (1873).

Diese willkürliche Liste ließe sich freilich sehr lange fortsetzen. Überblickt man die deutsche Literatur hinsichtlich dieses Typus, stößt man beispielsweise auf:

Franz Grillparzer, Selbstbiographie (1853).

Daneben finden sich in bunter Fülle die unterschiedlichsten Bezeichnungen für die Autobiographie: »Erinnerungen aus dem äußeren Leben« (E. M. Arndt), »Aus meinem Leben« (August Bebel), »Lebensgeschichte und Natürliche Abenteuer des Armen Mannes im Tockenburg« (U. Bräker), »Lebenserinnerungen« (K. Büchner), »Erlebtes« (J.

v. Eichendorff),»Aufzeichnungen aus meinem Leben« (F. Hebbel); dann die erkennbar auf einen Zeitraum begrenzten Werke:»Jugenderinnerungen eines alten Mannes« (W. v. Kügelgen),»Meine Kinderjahre« (Theodor Fontane),»Eine Jugend in Deutschland« (E. Toller).

Andere autobiographische Schriften erweitern den Gesichtskreis auf die Epoche:»Die Welt von gestern« (S. Zweig),»Ein Zeitalter wird besichtigt« (Heinrich Mann),»Mein Zwanzigstes Jahrhundert« (Ludwig Marcuse).

Es ist selbstverständlich, daß dieser Überblick, der aus dem Bedürfnis entstand, von verwendeten Titeln her den Begriff der Autobiographie zu belegen und zu erklären, nicht die ungeheure Fülle der Phantasie-Titel aufnehmen kann. Vor allem auf Bestsellerlisten getrimmte autobiographische Lebensgeschichten von Stars oder Sternchen versuchen schon durch formelhaft sich einprägende Titel die Leseraufmerksamkeit auf sich zu lenken. An sie kann hier nur erinnert werden, Sie als Leser kennen diese Werke ohnehin: Lilli Palmer, Dicke Lilli – gutes Kind; Hildegard Knef, Der geschenkte Gaul; Werner Fink, Alter Narr – was nun? sollen hier als Beispiele genügen.

Sammelwerke und Bibliographien verzeichnen die ungeheure Fülle der Selbstzeugnisse. Um sie systematisch zu überblicken, wollen wir die Literaturwissenschaft zur Hilfe nehmen. Sie unterscheidet grundsätzlich zwei Haupttypen von schriftlichen Selbstdarstellungen. Für sie gibt es in der Tat nur die Autobiographie oder Memoiren.

Der Unterschied mag auf den ersten Blick nur der von Namen sein. Beide fußen auf der Erinnerung, in beiden wird aus der Sicht des Verfassers oder der Verfasserin vom eigenen Leben berichtet. Zwischen beiden Typen gibt es selbstverständlich fließende Grenzen. Also könnte man es bei der gleichzeitigen Verwendung belassen und das Feld den Fachwissenschaftlern überlassen?

Obwohl dieses Buch aber keine akademische Abhandlung über eine wie auch immer zu benennende Textsorte, sondern ein konkreter Helfer bei der Abfassung der eigenen Lebensgeschichte ist, erscheint es doch von Interesse zu sein, wie die Sprach- und Literaturwissenschaft ihre Abgrenzungen vollzieht.

Der Begriff »Selbstbiographie« – hier folgen wir wieder B. Neumann – ist nicht einmal sehr alt. 1796 erscheint zum ersten Mal in Deutschland eine so benannte Sammlung (»Selbstbiographien berühmter Männer«). »Autobiographie« ist sogar noch etwas jünger und soll nach einer englischen Quelle zuerst im Jahr 1809 verwendet worden sein.

Da in Europa im 18. Jahrhundert das kulturelle Vorbild Frankreichs überall präsent ist, verwundert es nicht, daß der französische Begriff »mémoires«, zu Deutsch »Memoiren« das Feld behauptete, wenn man von Lebenserinnerungen sprach. Die ersten »Selbstbiographien« wurden als wesensgleich mit dem schon weiter oben dargestellten Begriff »Bekenntnisse« angesehen. Faktum ist, daß »Selbstbiographie« und »Autobiographie« und ihnen verwandte Auffassungen nun rasch den bisherigen Begriff »Memoiren« verdrängen.

Daß mit den »Selbstbiographien« und den »Memoiren« (ihre Herkunft ist aus dem Griechischen und Lateinischen nachweisbar als Bezeichnung für Aufzeichnungen mit sachlichem Inhalt) zwei ganz unterschiedliche Auffassungen von der Methode und den Inhalten der Lebenserzählung verbunden sind, beweist eine im 19. Jahrhundert hochberühmte Autobiographie. Carl Gustav Carus (1789–1869) war Arzt, Naturforscher, Maler und Philosoph, ein äußerst vielseitiger Mann. Wie unterschiedlich autobiographisches Schreiben sein kann, zeigt er zu Beginn seiner »Lebenserinnerungen und Denkwürdigkeiten« aus den Jahren 1865 und 1866. Carus schreibt:

»Übrigens kann nun freilich bei (der eigenen Lebensbeschreibung) in der verschiedensten Weise vorgegangen werden: Einige solcher Schilderungen werden stets mehr an der Oberfläche verweilen, werden den Fluß eines Lebens so zeichnen, daß man nur das Spiel seiner Wellen und die Blätter oder das Treibholz, das er außen fortträgt, deutlich erkennt, während andere ihn mehr behandeln müssen wie einen von elektrischen Telegraphenlinien durchzogenen Meeresarm, bei welchem das Interessanteste allein das ist, was in der Tiefe theils an wunderbaren Gebilden des Seegrundes, theils an geheimnißvollen Gedankenströmungen sich verbirgt, Dinge, welche denn auch nur durch eine sehr ins Innere gehende Auffassung zu Tage gebracht werden können. Beiderlei Behandlungsweisen mögen Bedeutendes, und auch in Beziehung auf höhere Lebenskunst vielfaches Lehrreiches bringen, jedenfalls bleibt es indeß am besten, wenn ein äußerlich viel in Thaten und Schicksalen hervortretendes Leben mehr in ersterer, dagegen das stille, von außen wenig belebte Leben des Gelehrten und Poeten nur in letzterer Weise geschildert wird.«

Die auch noch heute lesenswerte Autobiographie von Carus bringt hier eine erste brauchbare Unterscheidung. »Memoiren« sind also eher Selbstdarstellungen des Lebens von Menschen, die im öffentlichen Leben eine Rolle gespielt haben, Autobiographien hingegen solche, in denen der Mensch selbst mit seiner ganz persönlichen Entwicklung, mit seinen Gefühlen und Gedanken, seinen Neigungen und Antipathien, seinem »ganz persönlichen Profil« im Vordergrund steht.

Damit stößt man auf ein eigentlich bekanntes Faktum: Läßt man nämlich Persönlichkeiten des öffentlichen Lebens und die Titel ihrer Erinnerungen vor sich Revue passieren, findet man schnell heraus, daß – angefangen bei den jüngst erschienenen »Erinnerungen« Willy Brandts bis hin zu den voluminösen Memoiren des einstigen amerikanischen Außenministers Henry Kissinger oder zu den »Erinnerungen« Konrad Adenauers und Carlo Schmids – der erste Typus überwiegt. »Memoiren« haben auch von Verfassern und Lesern her gesehen ein ganz anderes Interesse, als es die Autobiographie hat.

Von den Verfassern her gesehen ist es klar, daß sie z. B. als Politiker ihren Anteil an der Gestaltung der politischen Verhältnisse ihrer Zeit herausheben wollen. In den Memoiren hebt sich das Persönlichkeitsprofil des Verfassers als »homo politicus« besonders deutlich heraus. Bestes Beispiel für diesen Typus sind die Memoiren Bismarcks, »Gedanken und Erinnerungen«, überhaupt die brillantesten je in deutscher Sprache verfaßten politischen Lebenserinnerungen.

Bezogen auf ihren Leserkreis, die politisch interessierten Zeitgenossen – seien sie nun Freunde oder Gegner –, wollen sie sich in ihren Memoiren vielleicht sogar für bestimmte Entscheidungen rechtfertigen. (Historiker wissen daher, daß der Erkenntniswert der Memoiren für die historische Forschung begrenzt ist – was natürlich niemand daran hindert, den neuen »Strauß«, die Memoiren Churchills oder die in dürren Worten abgefaßten Erinnerungen Adenauers begierig zu verschlingen).

Das Beispiel der Memoiren des kurzfristigen Reichskanzlers Franz von Papen (»Kabinett der Barone«), der in blinder Selbstüberschätzung versuchte, Hitler »einzubinden«, zeigt allerdings auch, daß die Absicht der Rechtfertigung in ungewollte Selbstentblößung umschlagen kann: der schon Zeitgenossen als politisch ungenügende Kraft erscheinende v. Papen wird in seinen »Memoiren« erst recht zu dem, als den ihn schon seine damaligen Gegner verspotteten: zu einem Mann mit »Hut ohne Kopf«.

Roy Pascal hat bestechend erläutert, weshalb aus autobiographischem Anlaß heraus begonnenes Schreiben bei Politikern zumeist sich in den Typus der Memoiren wandelt.

Er erläutert, »weshalb Autobiographien von Staatsmännern und Politikern fast immer... Memoiren sind. Im allgemeinen schließt diese Gattung autobiographisches Material aus Kindheit und Jugend mit ein. Sobald der Schreiber aber in die komplexe Welt der Politik eintritt, erscheint er nunmehr als kleines Rädchen, eingefügt in ein großes Ganzes, in dem er hier und da selbst etwas bewirkt, aber sich stets der Vielzahl von Personen und Kräften um ihn herum bewußt ist... Gleichzeitig prägt sich der Charakter des öffentlichen politischen Lebens so unbarmherzig auf, daß oft keine wesentlichen Beziehungen zwischen der persönlichen Eigenart des Menschen und seiner Arbeit bestehen.«

Memoiren sind also für die Leser hauptsächlich wegen der die politische Persönlichkeit umgebenden Zeitverhältnisse bedeutsam; demgegenüber tritt – nimmt man ein weit zurückliegendes Beispiel – das Interesse an der Person selbst immer weiter zurück, je mehr man sich von der Zeit entfernt. Ist der Herzog von Saint-Simon tatsächlich als Person anziehend? Kaum. Aber als die Quelle über das höfische Leben unter Ludwig XIV. wird Saint-Simon als Memoirenschreiber unsterblich bleiben.

Was ist demgegenüber nun die Autobiographie?

Greifen wir die Darstellung von Carus noch einmal auf. Er nennt sie die Behandlung von »geheimnißvollen Gedankenströmungen«, Dinge, die »nur durch eine sehr ins Innere gehende Auffassung zu Tage gebracht werden können.« Die Autobiographie hat es demgemäß mit den Vorgängen im Inneren des Menschen zu tun, sie wird auf die Entwicklung der Persönlichkeit eher eingehen als auf die äußeren Umstände.

Dabei soll nicht der Gedankenfehler unterlaufen, als sei sie ein schieres Medium der Selbstbespiegelung, das das Außen nicht hereinlassen wird. Sie setzt eben die Akzente nur anders: »Indem die Memoiren vor dem privaten Bereich enden, enden sie dort, wo die Autobiographie beginnt.« (B. Neumann) Für den Autobiographen gibt es ein ganz anderes Verhältnis zu seinem »Gegenstand« als für den Verfasser der Memoiren. Bewegend heißt es dazu in einer Autobiographie des 19. Jahrhunderts (Friedrich Wilhelm von Hoven):

»Mein ganzes Leben, von meiner frühesten Kindheit an, stellte sich mir auf das lebhafteste dar, ich durchlebte es gleichsam wieder von vorn, und ob ich mich gleich des Unerfreulichen nicht minder lebhaft erinnerte, als des Erfreulichen, so war doch beides vorüber, und ich konnte das Andenken an das Erfreuliche um so fester halten, da man das Unerfreuliche ohnehin leichter vergißt, als das Erfreuliche. Vor allem war mir die Erinnerung an meine Kinderjahre ein köstlicher Genuß, eben so auch die Erinnerung an meine Jünglingsjahre.«

Eine solche Erinnerung schreibend fixieren bedeutet Wiederherstellung des eigenen Lebens. Eine Autobiographie ist dann: »... Rekonstruktion des Ablaufs eines Lebens bzw. eines Lebensabschnitts in den Bedingungen und Umständen, unter denen es gelebt wurde. Sein Interessenmittelpunkt ist das Ich, nicht die Außenwelt, obwohl notwendigerweise die Außenwelt erscheinen muß, so daß im Widerstreit von Geben und Nehmen die Persönlichkeit ihre besondere Gestalt gewinnt. [...] Autobiographie [ist] Formung der Vergangenheit. Sie legt einem Leben ein Muster (›pattern‹) unter, konstruiert aus ihm eine kohärente Geschichte. Sie gliedert ein Leben in bestimmte Stationen, verbindet sie miteinander und stellt, stillschweigend oder ausdrücklich, eine bestimmte Konsequenz in der Beziehung zwischen Ich und Umwelt fest ... Diese Kohärenz verlangt, daß der Schreiber einen besonderen Standpunkt bezieht, und zwar den Standpunkt des Augenblicks, in dem er sein Leben wiedergibt und von dem aus er sein Leben interpretiert. Dieser Standpunkt kann die gegenwärtige gesellschaftliche Stellung des Autors sein, seine anerkannte Leistung auf irgendeinem Gebiet, seine derzeitige Weltanschauung; in jedem Fall ist es seine jetzige Stellung, die ihn befähigt, sein Leben als eine Art Einheit zu sehen, als etwas, das auf eine Ordnung zurückgeführt werden kann.« (Roy Pascal) Eine der populärsten deutschen Autobiographien, die Lebenserinnerungen des Arztes Carl Ludwig Schleich aus dem Jahre 1920,»Besonnte Vergangenheit«, mögen als passende Illustration dieser wissenschaftlichen Darlegung zitiert werden. Schleichs Lebenserinnerungen enthalten ein reizvolles Wechselspiel von Innen- und Außenwelt, von Herkunft und Heimat, stets mit einer betonten Nähe zum Privaten, das Schleich das »Sonnige, Herzerquickende« nennt.

Im Nachwort formuliert er den von Pascal weiter oben erwähnten Standpunkt, den geheimen Lebensplan, den er mit seinen»Erinnerungen« entdeckt hat:»Wenn ich bis hier mein Leben überblicke und mich ihm nach Menschenmöglichkeit völlig objektiv gegenüberstelle, so war es, ich kann es nicht anders sagen, faustisch. Immer in großem und mächtigem Ansturm gegen irgendein fernes, außergewöhnliches Ziel, das vielleicht unerreichbar, doch mit dämonischer Kraft lockte.«

Und bezüglich der Lebensergebnisse heißt es etwas weiter:»Wohl war mir das Glück günstig, aber immer nur bis zu einem gewissen Grade des Erfolges. Nirgends war mein Sieg ein vollständiger. Er führte mich oft auf Höhen, um mich tiefer abstürzen zu lassen. In vielen meiner redlichsten Bestrebungen bin ich völlig mißverstanden worden, schwere Kränkungen sind mir nicht erspart geblieben.«

Viele Autobiographien, vor allem diejenigen, die das ganze Leben umfassen, gliedern sich, wie es Pascal erläutert hat, nach den Stationen des Lebens. Diese Muster sind häufig die durch die menschlichen Entwicklungsphasen gegebenen: Kindheit, Schulzeit, Jugenderlebnisse, das Ende der Schulzeit und der Beginn weitergehender Ausbildung, häufig die Universitätsjahre. Hier sind je nach Lebensgang die unterschiedlichsten Möglichkeiten und Muster denkbar.

Verwendete Literatur

I. Autobiographien

Arndt, Ernst-Moritz: Erinnerungen aus dem äußeren Leben. In: Ernst Moritz Arndt: Erinnerungen. Neu herausgegeben von Friedrich M. Kircheisen, München und Leipzig 1913

Borrmann, Martin (Hrsg.), Ein Blick zurück. Erinnerungen an Kindheit und Jugend, an Leben und Wirken in Ostpreußen, Bd. 1, München o. J.

Boveri, Margret: Verzweigungen. Eine Autobiographie. Herausgegeben und mit einem Nachwort versehen von Uwe Johnson, München Zürich 1977

Canetti, Elias: Die gerettete Zunge. Geschichte einer Jugend, Frankfurt 1979

Carossa, Hans: Eine Kindheit und Verwandlungen einer Jugend. Leipzig o. J.

Coudenhove-Kalergi, Richard Graf von: Meine Lebenserinnerungen. Eine Idee erobert Europa, Wien München Basel 1958

Ebner-Eschenbach, Marie von: Meine Kinderjahre. In: Sämtliche Werke, Bd. 12, Leipzig o. J.

Finck, Werner: Alter Narr – was nun? Die Geschichte meiner Zeit, Frankfurt/M., Berlin, Wien 1978

Fontane, Theodor: Meine Kinderjahre. Autobiographischer Roman, Herausgegeben von Christian Gräwe, Stuttgart 1986

Goethe, Johann Wolfgang: Dichtung und Wahrheit. Aus meinem Leben. In: Goethes Sämmtliche Werke, Bd. 20 ff., Stuttgart und Tübingen 1840

Gregor-Dellin, Martin (Hrsg.): Deutsche Schulzeit, München 1979

Grimm, Jakob/Grimm, Wilhelm: Schriften und Reden. Ausgewählt und herausgegeben von Ludwig Denecke, Stuttgart 1985

Hebbel, Friedrich: Aus meiner Jugend. In: Deutsche Erzähler. Erster Band. Ausgewählt und eingeleitet von Hugo von Hofmannsthal

Heine, Heinrich: Memoiren, In: Sämtliche Werke, Bd. 13, herausgegeben von Hans Kaufmann, Berlin 1964

Heuss, Theodor: Erinnerungen 1905–1933, Tübingen 1963

Kügelgen, Wilhelm von: Jugenderinnerungen eines alten Mannes, Berlin o. J.

Mann, Klaus: Kind dieser Zeit, Reinbek 1982

Meyer, Sibylle/Schulze, Eva: Wie wir das alles geschafft haben. Alleinstehende Frauen berichten über ihr Leben nach 1945, München 1984

Pörtner, Rudolf (Hrsg.): Mein Elternhaus. Ein deutsches Familienalbum, München 1986

Rosegger, Peter: Als ich noch der Waldbauernbub war, Stuttgart 1989

Schleich, Carl Ludwig: Besonnte Vergangenheit. Lebenserinnerungen 1855–1919, Berlin o. J.

Schmid, Carlo: Erinnerungen, Bern München Wien 1979

Seume, Johann Gottfried: Mein Leben. In: J. G. Seumes sämmtliche Werke. Vierte rechtmäßige Gesammtausgabe in acht Bänden. Erster Band, Leipzig 1839

Sudermann, Hermann: Das Bilderbuch meiner Jugend. Roman einer Zeit, Stuttgart 1949

Schopenhauer, Johanna: Jugendleben und Wanderbilder. Herausgegeben mit einem Nachwort von Willi Drost, o. O. o. J.

Schurz, Carl: Lebenserinnerungen, Berlin 1952

Seidel, Ina: Lebensbericht 1885–1923, Stuttgart [2]1971

Sperber, Manès: Die Wasserträger Gottes. All das Vergangene . . ., München 1978

Tucholsky, Kurt: Zwischen Gestern und Morgen. Eine Auswahl aus seinen Schriften und Gedichten, hrsg. von Mary Gerold-Tucholsky, Reinbek 1956

Zuckmayer, Carl: Als wär's ein Stück von mir. Horen der Freundschaft, Frankfurt 1966

Zweig, Stefan: Die Welt von gestern, Frankfurt 1980

II. Wissenschaftliche Hilfen

Baacke, Dieter/Schulze, Theodor (Hg.): Aus Geschichten lernen. Zur Einübung pädagogischen Verstehens, München 1979

Grimm, Reinhold/Hermand, Jost: Vom Anderen und vom Selbst.

Beiträge zu Fragen der Biographie und Autobiographie, Königstein 1982

Lehmann, Jürgen: Bekennen – Erzählen – Berichten. Studien zu Theorie und Geschichte der Autobiographie, Tübingen 1988

Neumann, Bernd: Identität und Rollenzwang. Zur Theorie der Autobiographie, Frankfurt 1970

Pascal, Roy: Die Autobiographie. Gehalt und Gestalt, Stuttgart Berlin Köln Mainz 1965

Prause, Gerhard: Genies in der Schule, Düsseldorf und Wien 1974

Notizen

Notizen

Notizen

Elisabeth von Heyking

Briefe, die ihn nicht erreichten

Dieser weltberühmte Roman aus der Zeit der
Jahrhundertwende erzählt nicht nur die verhaltene Geschichte
einer sehnsuchtvollen und vom Wissen um die Vergeblichkeit
erfüllten Liebe. Er führt darüber hinaus durch das
gesellschaftliche und politische Leben jener Zeit, in das
untergehende China und das aufstrebende Amerika . . .
Elisabeth v. Heyking (1861–1925) entstammt der deutschen
Dichterfamilie Arnim/Brentano. Als Ehefrau eines
Diplomaten bereiste sie viele Teile der damals bekannten Welt.
Mit den Augen einer modernen, aber noch in den
Konventionen ihrer Zeit gefangenen Frau, sah und schilderte
sie die Lebensumstände und Entwicklungen im ausgehenden
19. Jahrhundert.

»Auch die hellsichtigen Analysen. . . sind noch heute für den
modernen Leser von großer Faszination.«
(»Die Unternehmerin«)

». . . Skizzen in zarten Pastelltönen und Aquarellfarben.«
(»Deutsches Allgemeines Sonntagsblatt«)

272 Seiten, Leineneinband
mit Schutzumschlag

J. Latka Verlag
Bonn

Wilhelm Jensen

Im
Achtzehnten
Jahrhundert

Jensen, berühmter Dichter und Schriftsteller des
ausklingenden letzten Jahrhunderts, hat ein faszinierendes
Werk mit hauptsächlich historischen Stoffen hinterlassen.
Es besticht durch geschichtliche Treue und plastischen
Detailreichtum, aber auch durch meisterhafte Erzählkunst.
Zwei seiner schönsten Novellen sind in diesem Band vereinigt:
»Der goldene Vogel« und »Eine Soiree des ancien régime«.

220 Seiten mit 20 Illustrationen
von Klaus O. Quirini, Leinenband
mit Schutzumschlag

J. Latka Verlag
Bonn

Louise von François

Die letzte Reckenburgerin

Ein großer Frauenroman und eine faszinierende
Zeitbeschreibung zugleich: Zwei ganz gegensätzliche Mädchen
wachsen gemeinsam in einer sächsischen Residenzstadt am
Vorabend der kriegerischen Auseinandersetzungen des späten
18. Jahrhunderts auf. Schon nach der Konfirmation trennen
sich die durch verschiedene Stände vorgezeichneten Wege,
doch beide Frauen bleiben untrennbar durch ein Geheimnis
miteinander verbunden . . .
Louise von François (1817–1893) schrieb mit »Die letzte
Reckenburgerin« ihr berühmtestes Werk. Schon ihre
Zeitgenossen verehrten in ihr eine Schriftstellerin, die sich
künstlerisch jeder Mode verschloß, um ihren eigenen
unverwechselbaren Stil zu entfalten. Dabei mußte die
Dichterin ihr Leben lang mit materiellen Problemen kämpfen,
nicht zuletzt wegen der Schwierigkeiten, die die Gesellschaft
jener Zeit künstlerisch tätigen Frauen machte.

»Die Reckenburgerin bleibt«
(Conrad Ferdinand Meyer)

496 Seiten, Leineneinband
mit Schutzumschlag

J. Latka Verlag
Bonn

Antje Dertinger

Frauen
der ersten Stunde

Frauen haben nach dem Zweiten Weltkrieg in fast allen
Bereichen von Politik, Wirtschaft und Kultur
bedeutende Rollen gespielt. Sie haben nicht selten Impulse
gegeben, die noch heute für unser gesellschaftliches
Leben bestimmend sind.
In diesem Buch werden zwanzig von ihnen portraitiert, werden
ihre Leistungen, Motive und Lebensschicksale auf sachliche
und spannende Weise zugleich dargestellt: Ilse Aichinger, Ida
Ehre, Klara-Maria Fassbinder, Martha Fuchs, Annedore
Leber, Lotte Lemke, Lore Lorentz, Marie-Elisabeth Lüders,
Gertrud Mahnke, Bertha Middelhauve, Elfriede Nebgen,
Hildegard Roth, Erna Scheffler, Louise Schroeder, Elisabeth
Selbert, Gertrud Sentke, Minna Specht, Christine Teusch,
Helene Wessel und Jeanette Wolff.
Die Autorin Antje Dertinger ist einem breiteren Publikum
durch eine ganze Reihe von Büchern zu Frauenfragen bekannt
geworden. Hier schildert sie besonders die persönlichen und
menschlichen Leistungen von Frauen, die trotz der erfahrenen
Nazi-Schrecken eine neue Demokratie und ein neues
Kulturleben wagten.

256 Seiten, farb. Einband

J. Latka Verlag
Bonn